Agatha Christie®

O CÃO DA MORTE

Tradução de ALESSANDRO ZIR

www.lpm.com.br

L&PM POCKET

Coleção **L&PM** POCKET, vol. 1034

Texto de acordo com a nova ortografia.
Título original: *The Hound of Death*

Primeira edição na Coleção **L&PM** POCKET: abril de 2012
Esta reimpressão: outubro de 2020

Tradução: Alessandro Zir
Capa: designedbydavid.co.uk © HarperCollins/Agatha Christie Ltd 2008
Preparação: Patrícia Yurgel
Revisão: Marianne Scholze

CIP-Brasil. Catalogação na Fonte
Sindicato Nacional dos Editores de Livros, RJ.

C479c

Christie, Agatha, 1890-1976
O cão da morte / Agatha Christie; tradução de Alessandro Zir. – Porto Alegre, RS: L&PM, 2020.
256p. (Coleção L&PM POCKET; v. 1034)

Tradução de: *The Hound of Death*
ISBN 978-85-254-2631-4

1. Ficção policial inglesa. I. Zir, Alessandro. II. Título. III. Série.

12-1759. CDD: 823
CDU: 821.111-3

Rua Comendador Coruja, 314, loja 9 – Floresta – 90220-180
Porto Alegre – RS – Brasil / Fone: 51.3225.5777

Pedidos & Depto. Comercial: vendas@lpm.com.br
Fale conosco: info@lpm.com.br
www.lpm.com.br

Impresso no Brasil
Primavera de 2020

Agatha Christie
(1890-1976)

Agatha Christie é a autora mais publicada de todos os tempos, superada apenas por Shakespeare e pela Bíblia. Em uma carreira que durou mais de cinquenta anos, escreveu 66 romances de mistério, 163 contos, dezenove peças, uma série de poemas, dois livros autobiográficos, além de seis romances sob o pseudônimo de Mary Westmacott. Dois dos personagens que criou, o engenhoso detetive belga Hercule Poirot e a irrepreensível e implacável Miss Jane Marple, tornaram-se mundialmente famosos. Os livros da autora venderam mais de dois bilhões de exemplares em inglês, e sua obra foi traduzida para mais de cinquenta línguas. Grande parte da sua produção literária foi adaptada com sucesso para o teatro, o cinema e a tevê. *A ratoeira*, de sua autoria, é a peça que mais tempo ficou em cartaz, desde sua estreia, em Londres, em 1952. A autora colecionou diversos prêmios ainda em vida, e sua obra conquistou uma imensa legião de fãs. Ela é a única escritora de mistério a alcançar também fama internacional como dramaturga e foi a primeira pessoa a ser homenageada com o Grandmaster Award, em 1954, concedido pela prestigiosa associação Mystery Writers of America. Em 1971, recebeu o título de Dama da Ordem do Império Britânico.

Agatha Mary Clarissa Miller nasceu em 15 de setembro de 1890 em Torquay, Inglaterra. Seu pai, Frederick, era um americano extrovertido que trabalhava como corretor da Bolsa, e sua mãe, Clara, era uma inglesa tímida. Agatha, a caçula de três irmãos, estudou basicamente em casa, com tutores. Também teve aulas de canto e piano, mas devido ao temperamento introvertido não seguiu carreira artística. O pai de Agatha morreu quando ela tinha onze anos, o que a aproximou da mãe, com quem fez várias viagens. A paixão por conhecer o mundo acompanharia a escritora até o final da vida.

Em 1912, Agatha conheceu Archibald Christie, seu primeiro esposo, um aviador. Eles se casaram na véspera do Natal de 1914 e tiveram uma única filha, Rosalind, em 1919. A carreira literária de Agatha – uma fã dos livros de suspense do escritor inglês Graham Greene – começou depois que sua irmã a desafiou a escrever um romance. Passaram-se alguns anos até que o primeiro livro da escritora fosse publicado. *O misterioso caso de Styles* (1920), escrito próximo ao fim da Primeira Guerra Mundial, teve uma boa acolhida da crítica. Nesse romance aconteceu a primeira aparição de Hercule Poirot, o detetive que estava destinado a se tornar o personagem mais popular da ficção policial desde Sherlock Holmes. Protagonista de 33 romances e mais de cinquenta contos da autora, o detetive belga foi o único personagem a ter o obituário publicado pelo *The New York Times.*

Em 1926, dois acontecimentos marcaram a vida de Agatha Christie: a sua mãe morreu, e Archie a deixou por outra mulher. É dessa época também um dos fatos mais nebulosos da biografia da autora: logo depois da separação, ela ficou desaparecida durante onze dias. Entre as hipóteses figuram um surto de amnésia, um choque nervoso e até uma grande jogada publicitária. Também em 1926, a autora escreveu sua obra-prima, *O assassinato de Roger Ackroyd.* Este foi seu primeiro livro a ser adaptado para o teatro – sob o nome *Álibi* – e a fazer um estrondoso sucesso nos teatros ingleses. Em 1927, Miss Marple estreou como personagem no conto "O Clube das Terças-Feiras".

Em uma de suas viagens ao Oriente Médio, Agatha conheceu o arqueólogo Max Mallowan, com quem se casou em 1930. A escritora passou a acompanhar o marido em expedições arqueológicas e nessas viagens colheu material para seus livros, muitas vezes ambientados em cenários exóticos. Após uma carreira de sucesso, Agatha Christie morreu em 12 de janeiro de 1976.

Sumário

O CÃO DA MORTE

I

Quem primeiro me falou sobre o caso foi o correspondente americano William P. Ryan. Jantávamos em Londres, na véspera do seu retorno a Nova York, e acabei por mencionar minha ida a Folbridge no dia seguinte.

Ele levantou o rosto e perguntou espantado:

– Folbridge, em Cornwall?

Só uma em cada mil pessoas sabe que há uma cidadezinha chamada Folbridge em Cornwall. O normal é associarem o nome à Folbridge de Hampshire. A pergunta de Ryan me deixou curioso.

– Sim. Você conhece?

Ele deu de ombros e perguntou se eu conhecia uma propriedade de lá chamada Trearne.

Fiquei mais interessado e disse:

– Pois bem. Na verdade, é para lá que estou indo. É a residência da minha irmã.

– Mas que ironia do destino! – exclamou William.

Sugeri que ele parasse de fazer suspense e explicasse de uma vez que história era aquela.

– Bem – disse ele. – Para fazer isso, tenho de lhe contar uma experiência por que passei logo no início da guerra.

Suspirei. Estávamos em 1921, e a última coisa que eu queria era que me lembrassem da guerra. Graças a Deus, estava começando a esquecê-la. Além disso, eu suspeitava que aquilo que William P. Ryan tinha para contar era uma dessas histórias intermináveis.

Mas eu já não podia detê-lo.

– Como você deve saber, no início da guerra eu estava na Bélgica, trabalhando como correspondente. Numa cidadezinha... não importa o nome. Um verdadeiro fim de mundo. Mas havia lá um enorme convento. Freiras vestidas de branco... como é que são chamadas? Não me lembro do nome da ordem. Bem, não importa. Esse pequeno burgo estava bem no caminho das tropas alemãs. Os boches chegavam...

Comecei a me mexer na cadeira, nervoso. William P. Ryan ergueu a mão para que eu me acalmasse.

– Não se preocupe. Esta não é uma história das atrocidades dos alemães. Até poderia ter sido, mas não foi. Para falar a verdade, foram eles que se deram mal. Rumaram na direção do convento e, quando chegaram lá, a coisa foi pelos ares.

– Oh! – disse eu, assustado.

– Estranho, não? No início, imaginei que os boches estivessem celebrando alguma coisa e feito alguma macacada com os próprios explosivos. Mas parece que eles não traziam consigo nada do tipo. Estavam longe de ser os reis da dinamite. Mas, então, eu lhe pergunto: o que é que um bando de freiras iria entender de explosivos violentos?

– É mesmo estranho – concordei.

– Eu quis ouvir a opinião dos camponeses. Eles estavam por dentro de tudo. Tratava-se de um verdadeiro milagre moderno, cem por cento genuíno e de eficácia comprovada. Parece que as freiras eram conhecidas. Havia entre elas uma aspirante a santa, que entrava em transe e tinha visões. A façanha foi obra dela. Invocou um raio para dar fim aos malditos boches e acabou com eles bem direitinho, e também com tudo que estava ao redor. Um milagre de grande eficácia!

William fez uma pausa e depois continuou:

– Nunca descobri direito o que aconteceu. Não tive tempo de investigar. Era a época dos milagres. Falava-se de anjos protegendo as tropas britânicas na Batalha de Mons e não sei o que mais. Escrevi uma história de arrancar lágrimas, carregando no lado religioso, e enviei ao meu editor. O jornal vendeu como água. Nos Estados Unidos, adoravam essas coisas.

William me olhou desconfiado, depois acrescentou:

– Não sei se você me entende... mas, ao escrever sobre o assunto, acabei me interessando. Eu queria saber o que realmente aconteceu. No lugar, não havia nenhuma pista. Só duas paredes ficaram de pé. Em uma delas, a explosão deixara gravada a figura enorme de um cão. Os camponeses tinham horror daquela marca, que chamavam de *o cão da morte*, e à noite jamais iam naquela direção. Essas superstições são curiosas. Fiquei com vontade de ver a tal santa que provocara aquilo tudo. Corria o boato de que ela não morrera e fora à Inglaterra com um bando de outros refugiados. Ao investigar o seu paradeiro, descobri que estava em Trearne, Folbridge, Cornwall.

Assenti com a cabeça.

– No início da guerra, minha irmã recebeu muitos refugiados belgas. Cerca de vinte – eu falei.

– Bem... sempre tive vontade de conhecer a santa. Queria ouvir da boca dela a história do desastre. Mas acabei me envolvendo com outros problemas e esquecendo do assunto. Quem é que vai a Cornwall, afinal? Um lugar tão contramão... Para falar a verdade, nem me lembrava mais de nada disso até você mencionar Folbridge agora há pouco.

– Vou perguntar à minha irmã... Ela deve saber algo a respeito. Mas já faz tempo que os belgas foram repatriados, é claro.

– Eu sei. Mesmo assim, caso sua irmã se lembre de alguma coisa, qualquer informação me interessa.

– Não se preocupe. Repasso para você tudo que ela souber – disse eu, cordial.

E essa foi a nossa conversa.

II

Só voltei a me lembrar da história dois dias depois da minha chegada a Trearne. Eu e minha irmã tomávamos chá no terraço.

– Kitty, entre os seus refugiados belgas não havia uma freira? – perguntei.

– Você se refere à irmã Marie Angelique?

– Acho que sim... Fale-me dela.

– Meu Deus! Que criatura mais estranha. Ela ainda está por aqui, você não sabia?

– O quê? Na casa?

– Não, não. No vilarejo. Você se lembra do dr. Rose?

Assenti com a cabeça.

– Aquele senhor octogenário?

– Não! Esse era o dr. Laird, que já morreu. O dr. Rose veio para cá só há alguns anos. É muito jovem e tem a cabeça cheia de novas ideias. Ele ficou extremamente interessado pela irmã Marie Angelique. Ela tem alucinações e coisas do gênero, que do ponto de vista médico são fenômenos curiosíssimos. Coitada, não tinha para onde ir. Completamente maluca, se você me entende... Bem, como eu dizia, ela não tinha para onde ir, e o dr. Rose arranjou para ela um lugarzinho no vilarejo. Parece que ele está escrevendo um livro... não! Uma monografia sobre o caso.

Ela fez uma pausa e depois perguntou:

– Mas o que você sabe sobre ela?

– Ouvi uma história curiosa.

Contei a ela tintim por tintim o que Ryan tinha me dito. Kitty ficou muito interessada.

– Ela parecia mesmo uma pessoa capaz de fazer alguém voar pelos ares... – disse ela, desconfiada.

– Preciso ver essa mulher – falei, pois já não me continha mais de curiosidade.

– Mas é claro. Quero ver que impressão ela lhe causa. Procure o dr. Rose. Por que não vai agora mesmo, depois do chá?

Aceitei a sugestão.

Encontrei o dr. Rose em casa e me apresentei a ele. Era um jovem muito simpático, apesar de alguma coisa no seu comportamento ter me deixado desconfiado. Sua cordialidade parecia um pouco forçada.

Porém, assim que mencionei a irmã Marie Angelique, seus olhos revelaram um genuíno interesse. Ele ouviu minha história com toda a atenção.

– Ah! – disse ele, balançando afirmativamente a cabeça. – Isso explica muita coisa.

Lançou-me mais uma vez um olhar interessado e depois continuou:

– O caso é realmente fora do comum. A religiosa chegou aqui depois de sofrer algum tipo de abalo emocional. Estava em estado de choque. Fora vítima de alucinações muito severas. A personalidade dela é muito peculiar. O senhor não gostaria de vê-la? É difícil explicar...

Sem pensar duas vezes, acompanhei-o até um pequeno chalé na periferia do vilarejo. Folbridge é um lugar muito pitoresco. Fica na foz do rio Fol, na margem leste. A margem oeste é muito íngreme para permitir qualquer construção, apesar de haver ali uma que outra habitação à beira dos penedos. Esse era o caso da casa do médico. Dela podiam ser vistas as ondas que lá embaixo se chocavam contra as rochas escuras.

O chalé ao qual nos dirigíamos ficava mais para o interior, longe da praia.

– É aqui que mora a enfermeira da comunidade – explicou o dr. Rose. – Pedi a ela que recebesse a irmã Marie Angelique. É melhor que ela fique sob os cuidados de uma profissional.

– Ela parece uma pessoa normal? – perguntei, curioso.

– É melhor que o senhor julgue por si mesmo – respondeu ele, sorrindo.

Quando chegamos, a enfermeira arrumava a bicicleta. Pequena e atarracada, tinha um ar bem-humorado.

– Bom dia, enfermeira. Como está indo a sua paciente? – perguntou o médico.

– Como sempre, doutor. Está lá, sentada, com as mãos entrelaçadas e a cabeça em outro lugar. Muitas vezes nem responde quando falo com ela. É verdade que o que ela entende de inglês é ainda muito pouco.

Rose inclinou a cabeça num gesto de compreensão e, ao mesmo tempo em que a enfermeira saiu pedalando, dirigiu-se até a porta da casa, deu uma batidinha de leve e entrou.

A irmã Marie Angelique estava sentada perto da janela, numa cadeira de espaldar alto, e virou-se para o médico quando ele entrou.

Seu rosto era estranho: pálido, quase transparente, e de olhos enormes, que pareciam refletir uma tragédia sem fim.

– Bom dia, irmã – disse o doutor em francês.

– Bom dia, *monsieur le docteur.*

– Gostaria de apresentar-lhe um amigo meu, o sr. Anstruther.

Fiz uma reverência que ela retribuiu inclinando levemente a cabeça, com um sorriso indistinto.

– Como a senhora está hoje? – perguntou o médico, sentando-se ao lado dela.

– Como sempre.

Ela fez uma pausa e depois continuou:

– Nada me parece real. São dias que passam? Ou meses, anos? Eu não sei. Apenas meus sonhos parecem reais.

– Ainda tem muitos sonhos?

– Sempre, sempre... O senhor entende? Parecem mais reais do que aquilo que vivo.

– São sonhos do seu país? Da Bélgica?

Ela negou com a cabeça.

– Não. Sonho com um país que nunca existiu. Nunca. Mas o senhor já sabe disso. Já lhe expliquei inúmeras vezes.

Ela fez uma pausa, depois disse abruptamente:

– Talvez este senhor também seja médico... Um médico de doenças do cérebro?

– Não, não... – disse Rose, para tranquilizá-la, mas quando ele sorriu notei o quão pontiagudo era o seu canino.

Aquilo lhe dava um ar de lobo.

Ele continuou:

– Achei que a senhora fosse gostar de conhecer o sr. Anstruther. Ele já esteve na Bélgica e ouviu falar do seu convento.

Os olhos dela moveram-se na minha direção. Suas bochechas se avermelharam ligeiramente.

– Ah, não se preocupe. Não é nada de mais. Outro dia jantei com um amigo que me descreveu as paredes que sobraram entre as ruínas do convento.

– Ruínas!

Foi uma exclamação suave. Dita mais para ela mesma do que para nós.

Olhando para mim outra vez, ela perguntou, hesitante:

– E por acaso o seu amigo disse alguma coisa... sobre como o convento foi destruído?

– Numa explosão – respondi.

Em seguida, acrescentei:

– Os camponeses têm medo de andar naquela direção à noite.

– Medo de quê?

– De uma marca deixada pela explosão numa das paredes. Eles têm um medo supersticioso dessa marca.

– Mas me diga, meu senhor... Vamos, me diga! Que marca é essa?

– Tem a forma de um cão. Um cão enorme que eles chamam de "cão da morte".

– Ah! – fez ela, deixando escapar entre os lábios o gritinho agudo. – Então é verdade... Tudo de que me lembro é verdade. Não foi um simples pesadelo. Aconteceu. Aconteceu mesmo!

– O que foi que aconteceu, irmã? – perguntou o médico, em voz baixa.

Ela se virou para ele, exaltada.

– Eu lembrei. Sei como foi. Eu estava no degrau, o degrau do altar, e usei o poder como costumava usar. Adverti que não se aproximassem. Que fossem em paz. Mas não me ouviram, ignoraram meu aviso. Então... – disse ela inclinando-se, ao mesmo tempo em que fazia com a mão um gesto curioso – tive de soltar neles o cão da morte...

Ela inclinou-se para trás, trêmula e de olhos fechados.

O médico se levantou, pegou um copo do armário, encheu-o com água até a metade e adicionou uma ou duas gotas de um frasco que trazia no bolso.

Ele se dirigiu a ela e disse:

– Beba.

Ela obedeceu mecanicamente. Seus olhos estavam distantes, como se contemplasse alguma das visões.

– Mas então era tudo verdade – disse ela. – Tudo. A cidade dos círculos, as pessoas do cristal... Tudo verdade.

– É o que parece – disse Rose.

Ele falava num tom baixo e suave, a fim de encorajá-la e evitando interromper sua linha de pensamento.

– Conte-me mais sobre a cidade – pediu ele. – A cidade dos círculos, é assim que se chama?

Ela respondeu de forma mecânica, sem prestar atenção.

– Havia três círculos. O primeiro era para os escolhidos, o segundo para as sacerdotisas e o último para os sacerdotes.

– E no centro de tudo, o que havia?

Ela prendeu o fôlego e disse num tom de profunda admiração:

– A casa do cristal...

Depois levou a mão direita à testa, onde traçou com o dedo uma figura misteriosa.

De olhos fechados, ela balançava numa espécie de transe, até que de repente foi como se levasse um safanão, que a fez acordar e se endireitar na cadeira.

– O que foi? – perguntou ela, confusa. – Que foi que eu disse?

– Nada. Não se preocupe – disse Rose. – A senhora precisa de um descanso. Vamos deixá-la repousar.

Quando saímos, ela parecia zonza.

– Bem – disse Rose, do lado de fora –, o que o senhor achou?

Ele me olhou de esguelha.

– Imagino que ela esteja totalmente desnorteada – comentei pesaroso.

– As palavras dela lhe pareceram absurdas?

– Para falar a verdade, ao ouvi-la fui tomado pela impressão de que ela tinha feito o que dizia: realizado algum tipo de milagre. Ela se expressa de forma convincente, acredita no que diz. Mas é por isso mesmo que...

– Que o senhor acha que ela está desnorteada. Muito bem. Mas agora veja a coisa por um ângulo diferente. E se ela realizou mesmo um milagre? E se ela realmente destruiu um prédio e junto com ele centenas de pessoas?

– Com a força do pensamento? – perguntei, esboçando um sorriso.

– Eu não diria exatamente dessa forma. É possível causar uma destruição sem tamanho com o simples toque de um interruptor ligado a um sistema de minas.

– Ah, sim... mas essa é uma operação mecânica.

– Mecânica, pode ser, o que em última instância significa a tomada e o controle de forças da natureza. O funcionamento de uma central elétrica não difere muito daquele de uma tempestade de raios.

– Pode ser, mas não temos como controlar uma tempestade de raios senão por meios mecânicos.

Rose sorriu.

– Vou fazer uma divagação. Existe uma substância chamada gaultéria. Ela existe na natureza como um vegetal, mas é possível sintetizá-la em laboratório.

– E o que tem isso?

– O que quero dizer é que, muitas vezes, há duas maneiras de se chegar a um mesmo resultado. A sintética é uma delas, é a nossa maneira. Pode haver outra. Os faquires da Índia fazem coisas extraordinárias que são muito difíceis de explicar. Aquilo que chamamos de sobrenatural é o natural cujas leis desconhecemos.

– O senhor está querendo dizer que... – sugeri, fascinado.

– Estou querendo dizer que não posso ignorar a hipótese de que um ser humano seja capaz de entrar em contato com uma imensa força destrutiva e usá-la a seu favor. Uma ocorrência dessas pode ser chamada de sobrenatural, mas isso não quer dizer que de fato o seja.

Arregalei os olhos.

Ele riu.

– É apenas uma especulação, nada mais – disse ele. – Diga-me, o senhor prestou atenção no gesto feito por ela ao mencionar a casa do cristal?

– Ela colocou a mão na testa.

– Exatamente, e desenhou um círculo, assim como os católicos fazem o sinal da cruz. E agora vou lhe contar uma coisa interessante, sr. Anstruther. A palavra cristal aparece com tanta insistência nas divagações da minha paciente que fiz um experimento. Peguei um cristal emprestado de um amigo e um dia o mostrei a ela sem avisar, para testar a sua reação.

– E então?

– Bem, o resultado foi curioso e sugestivo. O corpo dela enrijeceu. Ela olhava para o cristal como se não pudesse acreditar no que via. Em seguida caiu de joelhos, murmurou algumas palavras e desmaiou.

– Que palavras?

– Palavras estranhas. Ela disse: "O cristal! A fé ainda vive!".

– Que inusitado!

– E também curioso, o senhor não acha? Há outra coisa esquisita. Quando ela voltou a si, depois do desmaio, não se lembrava de nada. Mostrei o cristal a ela e perguntei se sabia o que era. Ela respondeu que parecia um cristal daqueles usados para prever o futuro. Perguntei se já tinha visto algum antes. Ela respondeu: "Nunca, *monsieur le docteur*". Como a expressão dela era de assombro, quis saber o que a incomodava. Ela respondeu: "É muito estranho. Nunca vi um cristal desses, e no entanto me parece que o conheço muito bem. Há alguma coisa... se eu pudesse lembrar!". O esforço de memória deixou-a tão abalada que a proibi de pensar no assunto. Isso foi duas semanas atrás. Estou só esperando o momento certo. Provavelmente amanhã tento um outro experimento.

– Com o cristal?

– Com o cristal. Quero que ela olhe dentro dele. O resultado deve ser interessante.

– Acha que ela vai enxergar alguma coisa? – perguntei, curioso.

As palavras saíram da minha boca sem que eu desse a elas maior importância, mas o seu resultado foi inesperado. Rose corou e ficou tenso. Parecia outra pessoa. Ficou mais formal, e passou a me tratar com distância.

– Seria uma luz sobre certas doenças mentais que pouco conhecemos. O caso da irmã Marie Angelique é muito interessante.

Mas alguma coisa me fazia questionar se o interesse de Rose era mesmo exclusivamente profissional.

– O senhor me permitiria assistir? – perguntei.

Pode ter sido impressão minha, mas me pareceu que ele hesitou antes de responder. Tive a sensação de que minha presença seria um estorvo.

– Claro. Não vejo problema algum.

Depois, ele acrescentou:

– Até quando o senhor fica na região?

– Até depois de amanhã.

Acho que a resposta o agradou. Seu rosto se descontraiu, e ele começou a falar de um experimento recente com cobaias de laboratório.

III

Conforme havíamos combinado, encontrei com o médico no dia seguinte e fomos juntos ver a irmã Marie

Angelique. Ele estava descontraído e bem-humorado. Imagino que estivesse tentando desfazer a má impressão que me causara no dia anterior.

– O que eu disse ontem não deve ser levado muito a sério – observou sorrindo. – Só falta o senhor sair daqui achando que sou um aficionado por ciências ocultas. Meu pior defeito é o exagero.

– É mesmo?

– Sim. Não resisto diante da possibilidade de apimentar uma história, especialmente se ela tem algo de fantástico.

Ele soltou uma risada, como a de alguém que se diverte reconhecendo em si mesmo uma fraqueza.

Quando chegamos ao chalé, a enfermeira precisava tratar de um assunto com Rose, e fui deixado a sós com a irmã Marie Angelique.

Seus olhos me sondavam com interesse. Ela disse:

– A amiga enfermeira me contou que o senhor é irmão da dona daquela casa enorme, na qual fui acolhida com toda a generosidade ao chegar da Bélgica.

– Isso mesmo – confirmei.

– Sua irmã é uma mulher muito boa.

Ela ficou em silêncio, como se refletisse consigo mesma. Depois disse:

– *Monsieur le docteur*... é também um homem bom?

Fiquei constrangido.

– Por que pergunta? É claro que ele é um homem bom, quer dizer... acho que sim.

– Ah! – fez ela.

Depois de uma pausa, acrescentou:

– Ele certamente tem sido muito generoso comigo.

– Estou certo disso.

Ela me lançou um olhar aflito.

– Monsieur... que fala comigo agora... também acha que estou louca?

– Por que eu acharia uma coisa dessas, irmã? A ideia nunca...

Ela sacudiu a cabeça negativamente, interrompendo o meu protesto.

– Estou louca? Eu não sei... Não consigo me lembrar de tudo... e as coisas de que me lembro!

Ela suspirou, e naquele momento Rose entrou no quarto.

O médico a cumprimentou animado, explicando o que queria que ela fizesse.

– Certas pessoas têm o dom de enxergar coisas em cristais. Fico pensando se a senhora, irmã, não teria esse dom.

Ela pareceu alarmada.

– Não, não... eu não posso fazer isso. Tentar prever o futuro... é pecado.

Rose foi pego de surpresa. Ele não previra aquela objeção da freira. Mas logo deu um jeito de contorná-la:

– A senhora está certa. Não é o futuro que devemos tentar enxergar, mas algo diferente: o passado.

– O passado?

– Sim. Há muitas coisas estranhas no passado. Coisas que nos vêm à memória num lampejo e depois esquecemos. Não tente ver o futuro, que não nos é permitido. Apenas segure o cristal... assim. Agora olhe dentro dele, profundamente. Isso mesmo. Concentre-se um pouco mais. A senhora se lembra, não? Sim, a senhora se lembra e pode ouvir a minha voz. Vou lhe fazer algumas perguntas, certo? Pode me ouvir?

Obediente, a irmã Marie Angelique pegou o cristal, que manejava com todo o cuidado numa atitude de grande reverência. Ao olhar para ele, seus olhos ficaram totalmente brancos e sua cabeça caiu. Parecia dormir.

Gentilmente, o médico tirou o cristal das mãos dela e o colocou sobre a mesa. Ele levantou uma das pálpebras dela. Em seguida, sentou-se ao meu lado.

– Precisamos esperar que ela acorde. Não vai demorar muito, imagino.

Ele estava certo. Depois de cinco minutos, a irmã Marie Angelique se mexeu. Seus olhos se abriram como se ela emergisse de um sonho.

– Onde estou?

– Aqui... em casa. A senhora cochilou um pouco... chegou a sonhar?

Ela concordou com a cabeça.

– Sim, sonhei.

– Sonhou com o cristal?

– Sim.

– Como foi o sonho?

– Vão dizer que estou louca, *monsieur le docteur.* No meu sonho, o cristal era um símbolo divino. Cheguei a ver um outro Cristo, que pregava sobre o cristal e morreu pela própria fé... Vi seus seguidores perseguidos, dizimados... Mas a fé sobreviveu. Sim... por quinze mil luas cheias... Quinze mil luas cheias!

– E qual o tempo de cada lua cheia?

– Trinta luas normais. Sim, depois de se passarem quinze mil luas... e, é claro, eu era a sacerdotisa do quinto signo na casa do cristal. Nos primeiros dias da chegada do sexto signo...

Ela franziu o cenho, e uma expressão de medo tomou conta do seu rosto.

– Cedo demais – murmurou. – Cedo demais. Um erro... Sim, me lembro! O sexto sinal...

Ela fez menção de se levantar, depois deixou-se cair novamente para trás, passou a mão sobre o rosto e murmurou:

– Mas o que estou dizendo? Estou delirando. Essas coisas nunca aconteceram.

– Acalme-se.

Mas ela olhava para ele angustiada e perplexa.

– *Monsieur le docteur*, eu não entendo. Por que tenho esses sonhos, essas fantasias? Eu tinha apenas dezesseis anos quando entrei no convento. Nunca viajei. Mas sonho com cidades, pessoas estranhas, costumes esquisitos. Por quê?

Ela pressionou a cabeça com ambas as mãos.

– Já a hipnotizaram alguma vez, irmã? A senhora já entrou em transe?

– Nunca fui hipnotizada, *monsieur le docteur*. Mas quando rezava na capela, meu espírito foi diversas vezes levado do meu corpo, e eu ficava como morta por horas. Era um estado de beatitude, dizia a madre superiora... um estado de graça. Sim! – disse ela, prendendo o fôlego. – Lembro que o chamávamos de estado de graça.

– Gostaria de tentar um experimento, irmã – disse Rose num tom objetivo. – Ele pode pôr um ponto final nessas meias lembranças. Vou pedir que olhe mais uma vez no cristal. Em seguida vou pronunciar uma certa palavra, e a senhora vai me responder com uma outra. Seguiremos fazendo isso até ficarmos cansados. Concentre o seu pensamento no cristal, não nas palavras.

Descobri o cristal e o entreguei à irmã Marie Angelique. Notei a reverência com que ela o segurou. Sobre o veludo negro, o cristal jazia entre as suas mãos magras, e nele estavam focados seus olhos maravilhosamente profundos. Houve um momento de silêncio, e então o médico falou:

– Cão.

Imediatamente a irmã Marie Angelique respondeu:

– Morte.

IV

Não vou descrever o experimento do início ao fim em detalhes. Ele foi entremeado de muitas palavras sem importância nem sentido, pronunciadas pelo médico em certos momentos. Outras palavras eram frequentemente repetidas, e às vezes geravam uma mesma resposta, outras vezes respostas diferentes.

Na casa do médico, naquela mesma noite, discutimos o resultado do experimento.

Ele limpou a garganta e puxou para perto de si o caderno de anotações.

– São resultados interessantes esses a que chegamos, muito curiosos. Como resposta às palavras *sexto signo*, obtivemos várias outras: *destruição*, *roxo*, *cão*, *poder*, depois novamente *destruição* e por fim *poder*. Mais tarde, como o senhor deve ter notado, inverti o método. Em resposta à palavra *destruição*, ela disse *cão*. À palavra *roxo*, *poder*, à palavra *cão*, *morte* novamente, e à palavra *poder*, *cão*. Tudo isso faz sentido conjuntamente, mas na segunda vez em que repeti *destruição* ela respondeu com *mar*, que parece ser totalmente irrelevante. Como resposta às palavras *quinto signo*, obtivemos *azul*, *pensamentos*, *pássaro*, novamente *azul* e, por fim, uma expressão sugestiva: *abrir a mente para a mente*. Do fato de que *quarto signo* provocou a resposta *amarelo*, e depois *luz*, e do fato de que *primeiro signo* foi respondido com a palavra *sangue*, deduzo que cada signo remete a uma cor particular e provavelmente também a um símbolo específico. O do quinto signo é *pássaro*. O do sexto, *cão*. Entretanto, eu diria que o quinto signo representa o que em geral chamamos de telepatia, a abertura da mente para outras mentes. O sexto signo tem relação certamente com o poder de destruição.

– E o que *mar* significa?

– Confesso que isso não sei explicar. Eu mesmo proferi depois a palavra, e ela respondeu *barco*. A resposta que ela deu às palavras *sétimo signo* foi primeiro *vida*, e depois *amor*. A *oitavo signo*, ela respondeu *nenhum*. Concluo portanto que sete é o número total de signos.

– Mas o sétimo signo não foi alcançado – disse eu, seguindo uma ideia que acabava de me ocorrer –, já que pelo sexto veio a destruição!

– Ah! É isso que o senhor pensa? Mas não convém levar tão a sério o que são apenas divagações de uma mente perturbada. O interesse que elas têm é apenas médico.

– Investigadores de fenômenos paranormais também se interessariam por elas.

Os olhos de Rose se contraíram e ele observou:

– Meu caro senhor, não tenho o menor interesse em levar isso a público.

– Mas então qual é o seu interesse?

– Meramente pessoal. Vou tomar nota do caso, é claro.

– Entendo.

Porém, pela primeira vez tive a impressão de que realmente eu não entendia. Levantei-me.

– Bem, boa noite, doutor. Amanhã volto à cidade.

– Ah!

Pareceu-me que sua exclamação expressava satisfação ou alívio.

– Boa sorte com suas investigações – desejei sem muita ênfase. – E não solte o cão da morte em mim da próxima vez em que nos encontrarmos!

Cumprimentávamo-nos com um aperto de mão quando eu disse aquilo, e pude sentir o susto que ele tomou. No momento seguinte, entretanto, o médico já retraía os lábios num sorriso disfarçado que revelava a ponta dos seus caninos misteriosos.

– Para alguém interessado em poder, nada seria mais fascinante! – disse ele. – Ter, na palma da mão, a vida de cada ser humano.

Seus lábios se retesaram ainda mais.

V

Esse foi o final da minha conexão direta com o caso.

Mais tarde, o caderno de anotações e o diário do médico vieram parar em minhas mãos. Vou reproduzir aqui algumas passagens. Tenho de ressaltar que não tive acesso a eles senão um bom tempo depois.

5 de agosto. Descoberta de que "os escolhidos" da irmã M. A. são aqueles que reproduziram a raça. Aparentemente, eram tidos em grande estima e exaltados mais do que os sacerdotes. Contrastar com os primeiros cristãos.

7 de agosto. Convenci a irmã M. A. a me deixar hipnotizá-la. Consegui induzi-la ao sono hipnótico e ao transe, mas não estabeleci qualquer contato.

9 de agosto. Houve no passado uma civilização muito mais desenvolvida que a nossa? É estranho que talvez só eu tenha a chave dessa resposta...

12 de agosto. A irmã M. A. não é sugestionável quando hipnotizada. Entretanto, ela entra em transe muito facilmente. Difícil de explicar.

13 de agosto. A irmã M. A. mencionou hoje que em "estado de graça" o "portal deve estar fechado, a menos que outro comande o corpo". Interessante, mas incompreensível.

18 de agosto. O primeiro signo não é senão... (palavras apagadas)... mas então quantos anos levaremos para alcançar o sexto? E se houver um atalho ao poder?

20 de agosto. Vou receber aqui a irmã M. A. junto com a enfermeira. Avisei-lhe que era necessário manter a paciente sob o efeito da morfina. Será que enlouqueci? Ou serei eu o super-homem, tendo na palma das mãos um poder de vida e morte?

(Final do diário)

VI

Acho que foi no dia 29 de agosto que recebi a carta. Era dirigida a mim, por intermédio da minha cunhada, numa caligrafia estranha. Abri o envelope com certa curiosidade. Dizia o seguinte:

> *Cher monsieur... Apesar de tê-lo visto apenas duas vezes, senti que era digno da minha confiança. Sejam reais ou não, meus sonhos se tornaram mais claros nos últimos tempos... E uma coisa é absolutamente certa: o cão da morte não foi um sonho... Nos dias de que lhe falei (não sei se são reais ou não), aquele que era o guardião do cristal revelou cedo demais o sexto signo às pessoas... O mal entrou em seus corações. Elas tinham o poder de matar à vontade, e mataram sem levar em conta a justiça, tomadas pela raiva. Estavam embriagadas pelo desejo de poder. Quando vimos o que acontecia, nós que ainda éramos puros sabíamos que o círculo de novo não se completaria e que não chegaríamos ao sinal da vida eterna. Aquele que seria o próximo guardião do cristal precisava agir. O que é velho perece, e o novo pode retornar depois de eras infindáveis. Ele soltou o cão da morte sobre o mar (tomando o cuidado de não fechar o círculo), e as águas se levantaram assumindo a forma de um cão que engoliu a terra toda...*
>
> *Outra vez me lembro disso... nos degraus do altar na Bélgica...*
>
> *O dr. Rose é um dos nossos. Ele conhece o primeiro signo e a forma do segundo, apesar de o significado deles ser destinado apenas a alguns. Ele aprenderia comigo o sexto. Resisti até agora, mas estou enfraquecendo, monsieur, e não é bom que um homem adquira o poder antes do tempo. Muitos séculos devem se*

passar até que o mundo esteja pronto para receber em suas mãos o poder de vida e morte. Eu imploro a sua ajuda, monsieur... Em nome da bondade e da verdade, ajude-me... Antes que seja tarde demais.

Sua irmã em Cristo,
Marie Angelique

Deixei o papel cair. A carta me pegou de surpresa, e eu não sabia o que fazer. Estava quase acreditando nas ideias da pobre coitada! Uma coisa era certa: o dr. Rose, em seu zelo pelo caso, extrapolara suas obrigações profissionais. Eu iria lá e...

De repente, percebi que havia uma carta de Kitty entre o restante da correspondência. Abri-a imediatamente e li:

Algo horrível aconteceu. Você se lembra do chalé do dr. Rose, que ficava no alto de um penhasco? Foi levado por um deslizamento de terra na noite passada. Morreram o doutor e aquela pobre freira, irmã Marie Angelique. Os escombros que se veem na praia são terríveis. Tudo amontoado na forma de uma figura estranha, que de longe parece um cão enorme...

A carta caiu da minha mão.

Os outros fatos podem ser coincidência. Um tal de sr. Rose, que descobri depois ser um parente rico do médico, morreu subitamente na mesma noite. Pelo que dizem, fulminado por um raio. Nenhum temporal atingira a região, mas uma ou duas pessoas disseram ter ouvido o trovão. A descarga elétrica deixou no corpo uma queimadura estranha. A fortuna do morto ficaria para o sobrinho, o dr. Rose.

Fico pensando na possibilidade de o dr. Rose ter obtido da irmã Marie Angelique o segredo do sexto signo. Ele sempre me pareceu um homem sem escrúpulos.

Ele não hesitaria em tirar a vida do tio se tivesse certeza de que não poderiam acusá-lo. Uma frase na carta da irmã Marie Angelique não saía da minha cabeça... *tomando o cuidado de não fechar o círculo*. Talvez o dr. Rose não tenha tido esse cuidado... talvez tenha agido de forma precipitada, sem tomar nenhuma precaução. Dessa forma, a força desencadeada retornou contra ele, fechando o círculo...

Mas é claro que tudo isso é absurdo! Os acontecimentos podem ser explicados de forma inteiramente natural. O fato de o doutor acreditar nas alucinações da irmã Marie Angelique é a prova de que ele mesmo estava desequilibrado.

Mas às vezes eu também sonho com um continente perdido no fundo do mar, no qual viveram os homens de uma civilização muito mais avançada que a nossa...

Ou será que a irmã Marie Angelique teria o dom de uma espécie de recordação em sentido inverso, de forma que a cidade dos círculos ficasse no futuro e não no passado?

Absurdo. Tudo não passava de alucinação!

O SINAL VERMELHO

– Não me diga, que emocionante! – exclamou a bela sra. Eversleigh, arregalando seus olhos adoráveis mas ligeiramente entediantes. – Dizem mesmo que as mulheres têm um sexto sentido. Será verdade, sir Alington?

O célebre alienista sorriu, sarcástico. Sua convidada fazia parte de um tipo que não lhe provocava senão desdém: o das pessoas bonitas e bobinhas. Alington West era uma autoridade suprema em doenças mentais. E ele tinha plena consciência de sua posição e importância. Um homem ligeiramente pomposo, de tamanho fora do comum.

– Fala-se muita bobagem, sei bem disso, sra. Eversleigh. Que significado pode ter uma expressão como essa, "sexto sentido"?

– Vocês cientistas são tão sérios! Eu acho extraordinário como às vezes parece que antecipamos mesmo certas coisas. Sabemos, sentimos que elas vão acontecer, é o que quero dizer... Um fenômeno realmente esquisito. Você me entende, Claire, não entende?

Ela apelava para a anfitriã com um ombro ligeiramente mais alto que o outro e fazendo um beicinho de enfado. Claire Trent não respondeu.

Era um jantarzinho íntimo. Claire e o marido, Violet Eversleigh, sir Alington West e o sobrinho dele, Dermot West, um velho amigo de Jack Trent.

Jack Trent era um homem expansivo, com um sorriso bem-humorado e capaz de uma boa gargalhada. Foi ele quem pegou o fio da conversa.

– Mas é claro que entendemos, Violet! Sua melhor amiga morre num acidente de trem. Você imediatamente se lembra de que sonhou com um gato preto na última terça-feira. Bingo! Você sabia que algo terrível iria acontecer...

– Não, não. De forma alguma, Jack. Você está confundindo premonição com intuição. Se bem que... sir Alington, vocês cientistas admitem a existência de premonições, não?

– Até certo ponto, talvez... – respondeu o médico com cautela. – Mas as coincidências explicam muita coisa e, depois que a história acontece, as pessoas exageram muito. É preciso levar isso em conta.

– Eu não acredito em premonições – sentenciou por fim Claire Trent, com toda a convicção. – Toda essa conversa sobre intuição e sexto sentido é uma bobagem. Passamos pela vida como um trem atravessa a noite escura, e sem a mínima noção de onde vamos chegar.

– Há algo de errado na sua comparação, sra. Trent – declarou Dermot West, levantando a cabeça pela primeira vez e entrando na discussão.

Ao dizer aquilo, seus olhos cinza, muito claros, emitiram um brilho estranho, que contrastou marcadamente com sua tez bronzeada.

– A senhora se esqueceu dos sinais.

– Sinais?

– Sim. Verde, se está tudo bem. Vermelho, se há perigo!

– Vermelho, se há perigo! Veja como fiquei arrepiada – declarou Violet Eversleigh, erguendo o braço.

Dermot fez uma careta e continuou:

– É apenas um modo de falar, é claro. Perigo à frente! Sinal vermelho! Cuidado!

O sr. Trent olhou inquisitivamente para ele:

– Meu caro, você fala como se tivesse uma grande experiência no assunto.

– Mas é... tem sido, quero dizer.

– Pois então conte para nós.

– Posso dar um exemplo. Na Mesopotâmia, logo depois do armistício, voltei para minha tenda com um pressentimento muito forte de perigo. Sinal vermelho! Cuidado! Não sabia a que aquilo se referia. Dei uma volta no acampamento, investiguei aqui e ali, incomodei as pessoas. Em suma, tomei todas as precauções possíveis contra um ataque dos árabes. Depois voltei à tenda. Logo que entrei, fui tomado novamente pelo mesmo pressentimento, dessa vez ainda mais forte. Perigo! Acabei indo dormir do lado de fora, enrolado no cobertor.

– E daí?

– Na manhã seguinte, quando entrei na tenda, a primeira coisa que vi foi uma faca enorme, de cerca de meio metro, atravessada na minha cama, onde eu estaria dormindo. Logo descobri do que se tratava... um dos empregados árabes. O filho dele fora morto por um espião. Pois bem, agora eu gostaria de saber o que o tio Alington tem a dizer sobre essa história, um exemplo daquilo que eu chamo de sinal vermelho...

O especialista sorriu com ceticismo.

– Uma história bem interessante, meu caro Dermot.

– ...Mas com relação à qual o senhor tem algumas restrições?

– Sim. Não duvido de que você tenha pressentido algum perigo. Tudo se passou exatamente como você nos conta. O que eu questiono é a origem do pressentimento. De acordo com você, ela seria externa. Alguma coisa de fora teria influenciado a sua mente. Mas hoje em dia sabemos que quase tudo vem de dentro, do nosso subconsciente.

– Ah, o subconsciente! – exclamou Jack Trent. – Hoje em dia quem já não ouviu falar dele?

Sir Alington prosseguiu sem dar atenção à interrupção.

– Pode ser que através de um gesto, de um olhar, esse árabe tenha traído a si mesmo e deixado transparecer algo da sua intenção. Conscientemente, meu caro Dermot, você pode não se lembrar, e naquele momento talvez nem tenha percebido, mas o fato ficou registrado no seu subconsciente. O subconsciente nunca esquece. E acreditamos que ele seja capaz inclusive de raciocinar e deduzir independentemente da consciência e da vontade. O seu subconsciente, portanto, concluiu que alguém tentaria assassiná-lo e deu um jeito de transmitir esse alerta à sua consciência.

– É uma explicação convincente – admitiu Dermot, sorrindo.

– Mas sem a menor graça – considerou a sra. Eversleigh.

– Também é possível que o seu subconsciente tenha percebido a raiva que esse homem sentia de você. Aquilo que se costumava chamar de telepatia certamente existe, mesmo que conheçamos muito pouco sobre o funcionamento desse fenômeno.

– Você teria algum outro exemplo para nos dar, Dermot? – perguntou Claire.

– Ah, sim! Mas nada de muito espetacular. E suponho que tudo poderia ser explicado como coincidência. Uma vez recusei um convite para viajar ao campo, pelo único motivo de que pressenti perigo. O lugar pegou fogo na semana seguinte. E então, tio Alington, qual o papel do subconsciente nessa história?

– Receio que papel algum – respondeu Alington, com um sorriso.

– Mas o senhor deve ter alguma outra explicação. Vamos lá, não é preciso fazer cerimônia comigo.

– Bem, neste caso, sobrinho, imagino que você tenha recusado o convite pela simples razão de que não queria ir. Depois do incêndio, você convenceu a si mesmo de que tivera um pressentimento, e até hoje acredita nisso.

– É inútil – disse Dermot, com uma risada. – Nada do que eu diga vai convencê-lo.

– Não se preocupe, sr. West – exclamou Violet Eversleigh. – Eu acredito piamente no seu sinal vermelho. Foi na Mesopotâmia a última vez que o sentiu?

– Sim... isso até...

– Como?

– Nada.

Dermot ficou em silêncio. As palavras que ele quase dissera eram "sim, isso até hoje à noite". Elas tinham surgido da forma mais espontânea, dando voz a um pensamento do qual ele não estivera consciente, mas que sabia ser verdade. O sinal vermelho brilhava com toda a força na escuridão. Perigo! Perigo iminente!

Mas por quê? Que perigo poderia haver ali? Estava na companhia de amigos. A não ser que... bem, havia um certo tipo de perigo. Ele olhou para Claire Trent... sua palidez, sua fragilidade e o requinte com que ela inclinava a cabeça dourada. Mas esse perigo já existia há um bom tempo e nunca se concretizara. Jack Trent era o seu melhor amigo. Mais do que isso, ele era o homem que salvara a sua vida em Flandres e quase fora condecorado com a cruz da vitória. Um ótimo sujeito, um dos melhores que conhecia. Era um maldito azar que Dermot tivesse se apaixonado pela mulher de Jack. Mas aquela paixão teria de ter um fim. O sofrimento teria de acabar. A solução era esperar que o tempo passasse e o sentimento diminuísse. Ela não sabia de nada, e se soubesse não levaria a sério. Uma estátua, uma bela estátua feita de ouro, marfim e coral rosa pálido... Um brinquedo divino, e não uma mulher real...

Claire... pensar naquele nome, soletrá-lo para si mesmo, era como mexer numa ferida... Ele tinha de superar aquilo. Já se apaixonara outras vezes... *Mas não daquela maneira*! Alguma coisa lhe dizia: *não daquela maneira.* Bem, era isso. Nenhum perigo ali, apenas sofrimento. O sinal vermelho devia ser para alguma outra coisa.

Ele olhou ao redor e pela primeira vez percebeu como aquela reunião era estranha. Seu tio, por exemplo, jamais participava desse tipo de jantarzinho informal. Até aquela noite, Dermot nem mesmo sabia que sir Alington conhecia os Trent.

Tudo se justificava pelo motivo por que estavam ali. Esperavam uma célebre médium que devia comandar para eles uma sessão após o jantar. Sir Alington admitia ter um certo interesse em espiritismo. Aquela era a desculpa da reunião.

A palavra ficou ecoando na sua mente. *Desculpa.* Seria a sessão uma mera desculpa para justificar a presença do especialista no jantar? Se era assim, qual seria o verdadeiro motivo da reunião? Detalhes desconexos assomaram à sua cabeça, banalidades às quais nunca dera importância, aquilo tudo que seu tio chamaria de "registros do subconsciente".

O ilustre doutor tinha olhado para Claire de maneira estranha, muito estranha, mais de uma vez. Era como se a vigiasse. Ela ficava constrangida. Contraía as mãos em movimentos repentinos. Estava nervosa, terrivelmente nervosa, e talvez... amedrontada? Do que ela teria medo?

Dermot caiu em si e voltou a prestar atenção na conversa da mesa. A sra. Eversleigh tinha conseguido extrair do médico um discurso:

– Minha cara – disse ele –, o que é a loucura? Posso assegurar-lhe que quanto mais estudamos o assunto mais temos dificuldade de nos posicionar. As pessoas todas se iludem, e é só quando passam a achar que são o czar da Rússia que é necessário calá-las ou contê-las. Mas há um longo caminho até se atingir esse ponto. E onde devemos traçar uma linha demarcando onde termina a sanidade e começa a loucura? Isso pode ser feito, mas vou lhe dizer uma coisa: se alguém é tomado por uma ideia delirante e não comenta nada a respeito, não teremos como distingui-lo de uma pessoa normal. A extraordinária sanidade dos insanos é um assunto dos mais interessantes.

Satisfeito com a impressão que seu discurso causara, sir Alington tomou um gole de vinho e abriu um largo sorriso.

– Sempre ouvi dizer que eles são muito espertos – observou a sra. Eversleigh. – Os doidos, quero dizer.

– Muito. E eliminar a loucura de alguém pode ter resultados catastróficos. Como os psicanalistas ensinam, precisamos de certas fantasias para viver. Uma pessoa excêntrica dificilmente se torna realmente perigosa. Mas um homem – acrescentou ele, com uma pausa – ou uma mulher que se comporte de forma absolutamente normal e previsível pode ser na verdade um risco para a sociedade.

Ele dirigiu o olhar calmamente para Claire, do outro lado da mesa, e depois de volta para o copo de vinho, do qual bebeu um gole.

Dermot sentiu um calafrio. O que ele queria dizer com aquilo? Onde queria chegar? Não fazia sentido...

– Realmente, é preciso dar vazão ao nosso eu interior – suspirou a sra. Eversleigh. – Temos de tomar cuidado para não reprimir a própria personalidade. É terrível nos podarmos por causa dos outros...

– Cara sra. Eversleigh – protestou o médico –, não foi bem isso o que eu quis dizer. A causa do mal está no cérebro... Às vezes, o mal é desencadeado por fatores externos, mas tem sempre uma origem congênita.

– Ah, a hereditariedade é tão triste! – suspirou ela, confusa. – Penso nas pessoas tísicas e tudo mais...

– A tuberculose não é uma doença hereditária – observou sir Alington, cortante.

– Ah, não? Sempre achei que fosse... Mas a loucura é. Que horror! O que mais é hereditário?

– Gota – disse sir Alington, sorrindo. – E daltonismo... este último caso é muito interessante. A doença é transmitida diretamente aos homens, e nas mulheres permanece latente. Há muitos casos de homens daltônicos. Mas a doença só se manifesta numa mulher caso tenha estado latente na mãe e manifesta no pai. Esse tipo de hereditariedade não é muito comum. É o que se chama de herança ligada ao sexo.

– Mas que interessante! E esse não é o caso da loucura?

– A loucura pode ser transmitida de forma indiferente a homens e mulheres – disse o médico, solene.

Claire levantou-se de repente, empurrando sua cadeira para trás com tal veemência que a fez girar e cair. Estava muito pálida, e o movimento nervoso dos seus dedos chamou a atenção de todos.

– Vocês não vão demorar muito com essa conversa, vão? – perguntou num tom preocupado. – A sra. Thompson já deve estar chegando.

– Deixe-me tomar mais um cálice de porto e me juntarei a vocês – declarou sir Alington. – Afinal de contas, vim aqui para ver o espetáculo dessa extraordinária sra. Thompson, não é mesmo? E estou curioso!

Claire respondeu com um meio sorriso e dirigiu-se para a sala de estar com a sra. Eversleigh.

– Acho que exagerei na conversa, meu caro – disse o médico, dirigindo-se ao anfitrião. – É o tipo do assunto que interessa apenas a profissionais.

– De forma alguma – respondeu Trent, por educação.

Ele parecia tenso e preocupado. Pela primeira vez, Dermot sentiu-se pouco à vontade na companhia do amigo. Entre os dois, havia um segredo que nem a um velho amigo se conta. A situação toda parecia irreal. Ele não sabia o que pensar. Como saber o significado de alguns olhares e do nervosismo de uma mulher?

Ficaram pouco tempo saboreando o resto do vinho e chegaram à sala de estar no exato momento em que anunciavam a sra. Thompson.

A médium era uma mulher gordinha de meia-idade. Usava um vestido horroroso de veludo magenta e falava alto demais.

– Espero que eu não esteja muito atrasada, sra. Trent! – disse ela, animada. – A senhora tinha dito nove horas, não é mesmo?

– A senhora chegou na hora certa, não se preocupe – disse Claire na sua voz doce e ligeiramente rouca. – Este é o nosso pequeno grupo.

Nenhuma apresentação foi feita, como era evidentemente de praxe. A médium perscrutou a todos com seu olhar penetrante.

– Acho que vamos obter bons resultados – observou ela, sem delongas. – Odeio quando saio e fico impedida de satisfazer às pessoas. Não há nada mais irritante. Mas tenho a impressão de que Shiromako (meu guia japonês) não vai ter nenhuma dificuldade de se manifestar hoje. Estou me sentindo tão bem! Até recusei um pouco do molho *welsh rarebit*, por mais que eu seja louca por queijo derretido.

Dermot escutava, desconfiado. Era tudo tão prosaico que chegava a ser engraçado! Mas será que ele não estava sendo duro demais? Afinal de contas, era tudo natural... Os poderes que os médiuns alegavam possuir eram poderes naturais, mesmo se mal compreendidos. Um grande cirurgião pode ter uma dor de barriga antes de uma operação delicada. Por que seria diferente com a sra. Thompson?

Cadeiras foram dispostas num círculo. Cadeiras leves, que pudessem ser manejadas com facilidade. Dermot observou que ninguém perguntava nada. Nem mesmo sir Alington examinava as condições em que a sessão iria decorrer. Aquilo tudo só podia ser um embuste. A sra. Thompson estava ali como uma desculpa, e o motivo da visita de sir Alington era outro. A mãe de Claire, lembrou-se Dermot, tinha morrido no exterior. Havia um mistério em torno da sua morte... Hereditariedade...

De repente ele voltou a si, e os outros já tomavam os seus lugares. Apagaram as luzes, exceto a de um abajur vermelho que ficava numa mesa afastada.

Por um momento, não se ouvia nada exceto a respiração profunda e controlada da médium. Aos poucos, ela foi ficando mais barulhenta. Até que, quando menos se esperava, um estrondo veio do outro lado da sala, fazendo com que Dermot pulasse na cadeira de susto. O barulho se repetiu saindo de uma outra parede. Começaram então batidas ritmadas num crescendo. Elas se extinguiram dando lugar a uma risada estridente e desdenhosa que ecoou pela sala. Depois veio um momento de silêncio, que foi quebrado por uma voz estranha, aguda, saída da boca da sra. Thompson.

– Estou aqui, senhores. Sim, estou aqui. Têm perguntas a fazer?

– Quem é você? Shiromako?

– Sim. Shiromako. Há muito que morri. Agora trabalho. Muito feliz.

Foram dados detalhes da vida de Shiromako. Previsíveis, sem qualquer interesse, como Dermot já ouvira milhares de vezes. Todos estavam contentes, satisfeitos. Vieram mensagens de parentes vagamente descritos. Descrições tão vagas que se adequariam a qualquer situação. Uma senhora de idade, a mãe de alguém presente, tomou a palavra por um tempo, professando velhas máximas como se fossem as últimas novidades de um assunto inteiramente desconhecido.

– Outra pessoa gostaria de falar agora – anunciou Shiromako. – Alguém que tem uma mensagem importante para um dos cavalheiros aqui presentes.

Houve um momento de silêncio e outra voz falou, prefaciando as observações com uma gargalhada demoníaca.

– Hahaha! Melhor não voltarem para casa. Melhor não voltarem para casa. Escutem o que estou dizendo.

– Quem está falando? – perguntou Trent.

– Um de vocês três. Se eu fosse ele, não voltaria para casa. Perigo! Sangue! Não muito sangue, mas o suficiente. Não volte para casa! Não volte para casa... – repetiu a voz, enfraquecendo.

Ela caiu em silêncio. Dermot sentiu o sangue subir ao rosto. O aviso era para ele, só podia ser. Naquela noite, ele estava correndo algum tipo de risco.

A médium suspirou, depois soltou um gemido. Ela estava voltando a si. As luzes foram acesas e ela se aprumou na cadeira, piscando um pouco os olhos.

– Deu tudo certo, minha cara? Espero que sim.

– Foi tudo muito bem, obrigada, sra. Thompson.

– Shiromako?

– Sim, ele falou, e outras pessoas...

A sra. Thompson bocejou.

– Estou morta. Absolutamente exausta. Isso acaba com a gente. Bem, estou contente que tenha sido um sucesso. Receava que pudesse não dar certo. Tive um pressentimento desagradável. Há alguma vibração estranha nesta sala.

Ela virou a cabeça por cima de cada um dos ombros, olhando para os cantos. Teve uma espécie de arrepio e disse:

– Não me agrada... Alguém entre vocês faleceu recentemente?

– Como?

– Algum parente, amigos? Não? Bem, se quisesse ser melodramática, diria que há um cheiro de morte no ar essa noite. Mas deve ser apenas a minha imaginação. Até mais ver, sra. Trent. Fico contente que a sessão a tenha deixado satisfeita.

No seu vestido de veludo magenta, a sra. Thompson deixou a sala.

– Espero que a sessão tenha lhe interessado, sir Alington – murmurou Claire.

– Foi uma noite extremamente interessante, minha cara. Agradeço muito pela oportunidade. Desejo uma boa noite a todos vocês. Preciso ir. Vão sair para dançar, não?

– O senhor não vai com a gente?

– Não, não. Nunca durmo depois das onze e meia. Boa noite. Boa noite, sra. Eversleigh. Ah! Dermot, gostaria de trocar uma palavrinha com você. Será que poderia vir comigo? Você pode reencontrá-los mais tarde nas Grafton Galleries.

– É claro, tio. Nos encontramos lá então, Trent.

Poucas palavras foram trocadas entre o tio e o sobrinho no curto trajeto até a Harley Street. Sir Alington se desculpou por desviar Dermot do seu caminho, e garantiu que só precisaria dele por alguns minutos.

– Quer que peça ao motorista para esperar? – perguntou ele enquanto desciam do carro.

– Ah, não se preocupe, tio. Eu pego um táxi.

– Está bem. Não gosto de obrigar Charlson a trabalhar até tarde. Boa noite, Charlson. Agora... onde diabos eu botei a minha chave?

O carro se afastou enquanto sir Alington vasculhava inutilmente os bolsos em busca da chave.

– Deve ter ficado no meu outro casaco – disse ele por fim. – Toque a campainha, por favor. Acho que Johnson ainda está acordado.

E, de fato, em menos de sessenta segundos a porta foi aberta pelo imperturbável Johnson.

– Esqueci as chaves, Johnson – explicou sir Alington. – Leve dois uísques com soda até a biblioteca, por favor.

– Pode deixar, sir Alington.

O médico caminhou até a biblioteca e acendeu as luzes. Fez um sinal para que Dermot fechasse a porta depois de entrar.

– Não vou tomar muito do seu tempo, Dermot, mas há algo que preciso lhe dizer. Será que estou imaginando coisas ou você tem mesmo uma certa... *tendresse* pela mulher de Jack Trent?

Dermot ficou vermelho.

– Jack Trent é meu melhor amigo.

– Me desculpe, mas isso não responde à pergunta. Imagino que você me considere puritano demais no que diz respeito a divórcio e assuntos relacionados, mas sou obrigado a lembrá-lo de que você é meu único parente próximo e meu herdeiro.

– Ninguém está pensando em divórcio – disse Dermot, irritado.

– É claro que não, e eu sei muito bem por quê. Não posso lhe dizer do que se trata, mas gostaria de alertá-lo. Claire Trent não é mulher para você.

O jovem encarou o olhar do tio sem pestanejar.

– Eu sei disso, e mais do que o senhor imagina, se me permite dizer. Também sei por que foi ao jantar.

– Como?

O médico parecia confuso. Ele perguntou:

– O que você sabe?

– Tenho certeza de que o senhor foi lá como um profissional.

Sir Alington caminhava de um lado para o outro.

– Você está certo, Dermot. Eu não poderia lhe contar eu mesmo, apesar de que mais cedo ou mais tarde todos vão ficar sabendo...

Dermot franziu o cenho.

– O senhor então já tem certeza?

– Sim. A família sofre de insanidade... pelo lado da mãe. Um caso triste, muito triste.

– Não posso acreditar.

– Imagino que não mesmo. Para um leigo, há poucos sinais aparentes.

– E para um especialista?

– A evidência é indubitável. Num caso como esse, o paciente deve ser internado o quanto antes.

– Meu Deus! – exclamou Dermot. – Não podem fazer isso a troco de nada.

– Meu caro Dermot! O internamento não seria indicado se o caso não pusesse em risco o convívio social.

– Um risco gravíssimo, suponho. Só pode ser alguma mania homicida. Era esse o caso da mãe?

Dermot deu as costas ao tio com um rugido e escondeu o rosto na palma das mãos. Claire... a palidez, os cabelos dourados!

– Sinto-me na obrigação de alertá-lo – continuou o médico, friamente. – As circunstâncias são graves.

– Claire... – murmurou Dermot. – Minha pobre Claire.

– De fato, é uma pena para ela.

De repente, Dermot ergueu o rosto.

– Eu não acredito.

– O quê?

– Disse que não acredito. Médicos se enganam. Todo mundo sabe disso. E os especialistas se tornam fanáticos.

– Meu caro Dermot! – exclamou sir Alington, irritado.

– Já lhe disse que não acredito. E, mesmo que fosse verdade, não me importo. Eu amo Claire. Se ela quiser vir comigo, levo-a para longe... muito longe. Fora do alcance de médicos intrometidos. Vou defendê-la, cuidar dela, protegê-la com meu amor.

– Você não vai fazer nada disso. Por acaso enlouqueceu?

Dermot soltou uma risada debochada.

– É claro que você só podia dizer isso.

– Por favor, Dermot... – o rosto de sir Alington estava roxo de raiva. – Se você fizer uma coisa dessas, uma coisa vergonhosa como essa... é o fim. Vou ter de suprimir a ajuda que agora estou lhe dando, e faço também um novo testamento deixando tudo o que tenho para diversos hospitais.

– Faça o que achar melhor. O maldito dinheiro é seu – disse Dermot numa voz abafada. – Ficarei com a mulher a quem amo.

– Uma mulher que...

– Diga mais uma palavra sobre ela e... por Deus! Terei de calá-lo – gritou Dermot.

Um tinir de copos fez com que ambos se virassem. No calor da discussão, não haviam percebido que Johnson entrara na sala trazendo consigo os drinques. Seu rosto continuava imperturbável como o de um bom empregado, mas Dermot se perguntava o quanto ele tinha ouvido.

– Já basta, Johnson – disse sir Alington, bruscamente. – Você pode ir dormir.

– Obrigado, senhor. Boa noite.

Johnson saiu.

Os dois homens se olhavam. A interrupção momentânea acalmara a tempestade.

– Tio – disse Dermot –, eu não devia ter falado com o senhor desse jeito. Entendo o seu ponto de vista. Mas já faz muito tempo que amo Claire Trent. Nunca falei sobre isso com ela, porque Jack Trent é o meu melhor amigo. Mas nas circunstâncias atuais isso já não é relevante. E não são questões financeiras que vão me deter. Essa ideia é absurda. Acho que já dissemos tudo o que tínhamos a nos dizer. Boa noite.

– Dermot...

– É inútil discutir. Boa noite, tio Alington. Me desculpe, mas é assim que tem de ser.

Ele saiu apressado, fechando a porta. O corredor estava escuro. Ele o atravessou, abriu a porta da frente e bateu-a atrás de si.

Na rua, chamou um táxi que parara numa casa logo adiante para deixar uma encomenda. O motorista o levou até as Grafton Galleries.

Dermot ficou por um instante parado na porta de entrada do salão de baile. Sentia-se desnorteado, a cabeça girando. O jazz estridente, o sorriso fácil das mulheres... Era como se ele estivesse prestes a pisar num outro mundo.

Estaria sonhando? Era inacreditável a discussão que acabara de ter com o tio. Claire passou por ele flutuando, como um lírio, no seu vestido branco e prateado que, colado ao corpo, ressaltava ainda mais a sua elegância.

Ela sorriu para ele, um sorriso calmo e sereno. Só podia ser um sonho.

A música terminou. Ela se aproximou dele, sorriu junto ao seu rosto. Como se sonhasse, ele convidou-a para dançar. A música estridente recomeçava, e Claire estava em seus braços.

Ele sentiu que ela fraquejava.

– Está cansada? Prefere parar um pouco?

– Se você não se importa. Gostaria de ir a um lugar onde pudéssemos conversar. Tenho algo a lhe dizer.

Não era sonho. Ele se deu conta e foi como levar um baque. O rosto dela já não tinha nada de calmo e sereno. Estava tomado de ansiedade, de pânico. Quanto ela sabia?

Ele encontrou um cantinho mais isolado, onde sentaram-se lado a lado.

– Bem – disse ele, imprimindo à voz uma falsa leveza. – Há algo que você gostaria de me contar?

– Sim.

Ela olhava para baixo e brincava nervosamente com a borla que enfeitava seu vestido.

– Não sei como começar... – disse.

– Você pode ser franca comigo, Claire.

– Gostaria que você... se afastasse por um período.

Ele foi pego totalmente de surpresa. Jamais esperava que ela lhe dissesse aquilo.

– Quer que eu me afaste? Por quê?

– É melhor sermos sinceros, não? Eu... sei que você é um cavalheiro e meu amigo. Quero que se afaste, porque... estou gostando de você.

– Claire...

Ele ficou mudo. Não conseguia dizer mais nada.

– Por favor, não vá pensar que eu sou louca o suficiente para imaginar que... que um dia você também se apaixone por mim. É que... ando um pouco triste e... Acho melhor você se afastar.

– Claire, por acaso você não percebeu... não percebeu o quanto me importo... Desde que a conheci...

Surpresa, ela levantou os olhos.

– Se importa? Desde quando?

– Desde o começo.

– Ah! – exclamou ela. – Então por que não me disse nada? Naquela época, poderíamos ter ficado juntos. Agora... é tarde demais. Não, não... Estou louca. Não sei o que digo. Jamais poderíamos ficar juntos.

– Claire, por que é que você disse que agora é tarde demais? O meu tio... ele tem algo a ver com isso? O que ele sabe sobre você? O que ele pensa?

Ela fez que sim com a cabeça e lágrimas rolaram dos seus olhos.

– Escute, Claire, não dê ouvidos a nada disso. Esqueça. Vou levá-la para longe daqui. Vamos para os Mares do Sul, para alguma ilha. Lá você será feliz e poderei protegê-la. Cuidarei de você para sempre.

Ele abraçou-a, puxando-a para perto de si. Ela começou a tremer até que se livrou dele.

– Ah, não. Por favor, será que você não entende? Agora é impossível. Seria horrível, horrível. Sempre procurei agir corretamente, e agora... isso seria errado.

Ao ouvir aquelas palavras, ele hesitou. Ela lhe lançava um olhar de súplica.

– Por favor – insistiu ela –, não seria correto...

Sem mais uma palavra, Dermot levantou-se e deixou-a. As palavras dela tinham-no convencido, e ele se sentia incapaz de argumentar. Ao sair em busca do chapéu e do casaco, esbarrou em Trent.

– E então, Dermot! Já vai tão cedo?

– Sim. Não estou com vontade de dançar hoje.

– Maldita noite! – desabafou Trent, angustiado. – Mas o melhor é eu não ficar me queixando.

A ideia de que o amigo pudesse se abrir com ele deixou Dermot horrorizado. Era só o que lhe faltava!

– Bem, até logo – apressou-se em dizer. – Estou indo para casa.

– Para casa? O espírito disse que era melhor não...

– Mas vou arriscar. Boa noite, Jack.

O apartamento de Dermot não ficava longe. Resolveu ir caminhando, na esperança de que o ar fresco da noite pudesse ajudá-lo a esfriar a cabeça.

Abriu a porta com a chave e foi até o quarto, onde acendeu a luz.

Naquele mesmo momento, pela segunda vez naquela noite, aquilo que ele caracterizara como um sinal vermelho se impôs com toda a força. A intensidade do alerta era tão grande que por um momento ele até se esqueceu de Claire.

Perigo! Ele estava em perigo. Naquele momento, naquele quarto, ele estava em perigo.

Em vão tentou minimizar para si mesmo o risco, iludindo o medo. Isso porque talvez, no fundo, ele não quisesse deixar de acreditar no pressentimento. Até aquele momento, o sinal vermelho fora providencial, permitindo que ele evitasse desastres em momentos decisivos. Achando graça da própria superstição, Dermot deu uma olhada no apartamento. Era possível que algum meliante tivesse entrado e se escondido em algum lugar. Mas não havia ninguém. O seu criado, Milson, saíra de folga, e o apartamento fora deixado vazio.

Dermot voltou para o quarto e despiu-se lentamente, com a cara amarrada. A sensação de perigo era muito forte. Foi até a gaveta apanhar um lenço e de repente tomou um susto que o deixou paralisado. Havia alguma coisa estranha no meio da gaveta, um objeto sólido.

Seus dedos nervosos afastaram os lenços, e ele tirou da gaveta o objeto que escondiam: um revólver.

Totalmente perplexo, Dermot examinou-o com cuidado. Era de um modelo pouco comum, e havia indícios de que tivesse sido usado recentemente. Fora isso, Dermot não sabia mais nada. Alguém colocara o revólver na gaveta naquela mesma noite. A arma não estava lá quando Dermot se vestira para o jantar, disso ele tinha certeza.

Ele ia guardá-la de volta na gaveta quando a campainha tocou, assustando-o. A campainha não parava de tocar, e o barulho ecoava infernal pelo apartamento silencioso e vazio.

Àquela hora, quem poderia ser? A resposta emergiu como uma pulsação instintiva e persistente: perigo, perigo, perigo!

Obedecendo a um impulso que não sabia de onde vinha, Dermot apagou a luz, enrolou-se num sobretudo que estava dobrado no encosto da cadeira e foi até o corredor.

Havia dois homens do lado de fora. Dermot pôde distinguir um uniforme azul. Um policial!

Ele abriu a porta.

– Sr. West? – perguntou o homem que estava na frente.

Dermot teve a impressão de que anos tinham se passado antes de conseguir responder. Na verdade, foram necessários apenas alguns segundos para que ele respondesse na voz impessoal do seu criado:

– O sr. West ainda não voltou. O que os senhores querem com ele a essa hora da noite?

– Ainda não voltou, é? Então acho melhor entrarmos e esperarmos por ele aí dentro.

– Não, não, de forma alguma.

– Meu caro, sou o inspetor Verall, da Scotland Yard, e temos um mandado de prisão contra o seu patrão. Está aqui.

Aturdido, Dermot deu ou fingiu dar uma olhada no papel e em seguida perguntou:

– Mas por que isso? Qual a acusação?

– Assassinato. De sir Alington West, da Harley Street.

Sua cabeça começou a girar, e Dermot cedeu diante das desagradáveis visitas. Ele foi até a sala de estar e acendeu a luz. O inspetor o seguiu.

– Dê uma busca pela casa – ordenou ele ao outro homem.

Depois, dirigiu-se a Dermot:

– Você fique aqui. Nem pense em sair para prevenir seu patrão. Qual é o seu nome?

– Milson, senhor.

– Que horas você supõe que seu patrão retorne?

– Eu não sei. Acho que saiu para dançar. Foi até as Grafton Galleries.

– Faz uma hora que ele saiu de lá. Tem certeza de que não voltou aqui?

– Acho que não. Se tivesse voltado, eu o teria ouvido entrar.

Naquele momento, o outro homem veio da sala ao lado. Trazia na mão um revólver, que levou até o inspetor, exultante.

Com uma expressão de satisfação estampada no rosto, o inspetor declarou:

– Isso põe um ponto final à nossa visita. Ele deve ter entrado e saído sem fazer barulho. Deve estar escondido em algum outro lugar. É melhor eu ir. Cawley, você fica aqui, caso ele retorne. E fique de olho nesse sujeito. Ele pode saber mais coisas sobre o patrão.

O inspetor saiu apressado. Dermot se valeu da prolixidade de Cawley e fez com que o policial lhe contasse todos os detalhes do caso.

– É tudo muito simples – revelou Cawley. – Logo descobriram o assassinato. Johnson, o criado, acabara de ir se deitar quando imaginou ter ouvido um tiro. Ele desceu novamente e encontrou sir Alington morto, com um tiro no coração. Em seguida nos ligou e, quando chegamos lá, nos contou a história.

– E isso explica tudo? – arriscou Dermot.

– Mas é óbvio. O jovem West acompanhou o tio até em casa, e Johnson os surpreendeu brigando. O velho ameaçava escrever um novo testamento, e o seu patrão ameaçava matá-lo. Cinco minutos depois, ouve-se um tiro. O que mais se poderia querer? Está tudo muito claro.

E estava mesmo. Dermot sentiu o coração fraquejar quando se deu conta da inquestionável evidência que pesava contra ele. Perigo, realmente. E que perigo! Não havia nada a fazer senão fugir. Pôs a cabeça para funcionar. Ofereceu um chá ao policial, que imediatamente aceitou. Ele já tinha revistado o apartamento e sabia que não havia nenhuma porta nos fundos.

Dermot pôde ir até a cozinha. Chegando lá, pôs a chaleira no fogo e fez algum barulho, mexendo nas xícaras e nos pires. Depois foi rapidamente até a janela de guilhotina e ergueu o vidro. O apartamento ficava no segundo andar, e do lado de fora havia um pequeno elevador de carga, utilizado para transportar mercadorias.

Numa fração de segundo, Dermot estava do outro lado, agarrado ao cabo do elevador de carga, pelo qual descia.

Chegou embaixo com as mãos sangrando e, minutos depois, saiu cuidadosamente pelos fundos do prédio. Ao virar numa esquina, trombou com um homem parado na calçada. Para a sua surpresa, era Jack Trent, que já estava a par da situação.

– Meu Deus, Dermot! Rápido, não fique zanzando por aqui.

Pegando-o pelo braço, levou-o por uma rua transversal e depois por outra. Entraram em um táxi que passava por ali desocupado, e Trent deu ao motorista o seu próprio endereço.

– Por enquanto, é o lugar mais seguro. Lá podemos pensar no que fazer depois para despistar esses idiotas. Vim aqui na esperança de poder alertá-lo antes da chegada da polícia, mas já era tarde.

– Eu nem sabia que você já estava a par dessa história. Jack, você não acredita que...

– É claro que não, nem por um minuto. Conheço você muito bem. Mas, independentemente disso, a coisa está bem complicada para o seu lado. Eles apareceram fazendo perguntas... A que horas você chegou nas Grafton Galleries, quando saiu etc. Dermot, quem poderia ter feito uma coisa dessas com o velho?

– Nem imagino. Seja lá quem for, acho que guardou o revólver na minha gaveta. Deve ter nos seguido e observado de perto.

– Aquela sessão foi mesmo muito estranha. *Não volte para casa! Perigo!* O aviso era para o velho West. Ele voltou para casa e levou um tiro.

– E para mim também – disse Dermot. – Voltei para casa e dei de cara com a arma do crime e um inspetor.

– Bem, espero que eu pelo menos me safe – disse Trent. – Aqui estamos.

Ele pagou o táxi, abriu a porta e conduziu Dermot pelas escadas escuras até um quartinho no primeiro andar.

Dermot entrou na peça enquanto Trent acendia as luzes. Depois de entrar, Trent disse:

– Aqui é bem seguro. Agora podemos botar a cabeça para funcionar e bolar um plano.

– Agi como um idiota – disse Dermot, de repente. – Eu devia ter encarado tudo de frente. Agora me dou conta. Foi tudo uma armação. Do que você está rindo?

Trent estava recostado na cadeira e ria de tal forma que seu corpo chegava a chacoalhar. O som da sua risada era grotesco, e havia algo de horrível em sua figura. Seus olhos emitiam um brilho sinistro.

– Uma armação muito bem feita – disse ele, arquejando. – Meu caro Dermot, você caiu como um patinho.

Trent pegou o telefone.

– O que você vai fazer?

– Chamar a Scotland Yard. Dizer a eles que tenho aqui o que procuram. Guardado a sete chaves. Sim, tranquei a porta quando entrei e a chave está no meu bolso. E não adianta você ficar olhando para essa outra porta atrás de mim. Leva ao quarto de Claire, e ela sempre a deixa trancada pelo outro lado. Claire tem medo de mim, você sabia? Já faz um tempo. Basta que eu pense naquela longa faca... uma faca bem afiada. Não, você não...

Dermot pulara na direção do amigo, que de súbito fizera aparecer um revólver ameaçador.

– Faz par com o outro – sorriu Trent. – O outro que coloquei na sua gaveta, depois de atirar no velho West... O que você está olhando atrás de mim? A porta? Não adianta. Mesmo se Claire a abrisse, e talvez ela fizesse isso por você... eu atiraria antes de você dar o primeiro passo. Não no coração, não para matá-lo. Só para feri-lo e impedir que fugisse. Sou um excelente atirador, você sabe. Já salvei sua vida uma vez. Fui o mais estúpido. O que eu quero é vê-lo enforcado. E a faca... a faca é para Claire... a bela Claire, tão branquinha, de pele macia. O velho West sabia. Foi por isso que veio aqui esta noite, para me testar. Ele queria me trancafiar em algum hospício para que eu ficasse longe da faca, para que eu não ferisse Claire. Mas fui mais esperto. Roubei a chave dele e a sua. Fui embora pouco depois de chegar no salão de dança. Vi você sair da casa do velho e entrei. Em menos de um minuto já o tinha matado. Depois fui para o seu apartamento e deixei lá o revólver. Estava de volta às Grafton Galleries pouco depois de você chegar. Coloquei as suas chaves de volta no seu bolso quando nos despedimos. Não me importo de lhe confessar isso tudo. Ninguém está ouvindo mesmo e quando você for enforcado sabendo do que fiz... Deus, que coisa mais engraçada! O que você está matutando? O que você está olhando?

– Estou pensando em algo que você disse antes. Trent, você teria feito melhor em não voltar pra casa.

– Como?

– Olhe para trás!

Trent virou-se de súbito. Na soleira da porta que dividia os dois quartos estavam Claire e o inspetor Verall...

Trent foi rápido. Deu um único disparo e não errou. Caiu atravessado por cima da mesa. O inspetor correu para o seu lado, enquanto Dermot olhava para Claire como se estivessem num sonho. Uma torrente de pensamentos invadiu seu cérebro. O tio, a briga, o seu colossal engano. As leis da Inglaterra que jamais permitiriam a Claire separar-se de um marido ensandecido. "É uma pena para ela..." O plano dela e de sir Alington, que Trent farejara... As palavras angustiadas dela: "horrível, horrível!". Sim, mas agora...

O inspetor levantou.

– Ele está morto – disse o inspetor, constrangido.

– Sim, Jack era um excelente atirador – disse Dermot, e foi como se ouvisse a voz do amigo.

O QUARTO HOMEM

Canon Parfitt parou ofegante. Correr atrás de trens já não condizia mais com a sua idade. Sua aparência não era mais a mesma, e a perda da silhueta elegante acarretara uma perda correspondente de fôlego. Tudo fazia parte da tendência que Canon expressava com dignidade ao dizer "é o meu coração, sabe?".

Ele deixou-se afundar aliviado num canto da cabine de primeira classe. O calor do ambiente era extremamente reconfortante. Do lado de fora, a neve caía. Era uma sorte pegar um assento de canto numa viagem demorada como essa durante a noite. Ter de se sentar no meio de outras pessoas seria horrível. Não dava para entender por que aquele trem não tinha um vagão-leito.

Os outros três cantos já estavam ocupados e, ao perceber isso, Canon Parfitt se deu conta de que o homem sentado na outra ponta estava sorrindo para ele, como se o reconhecesse. Era um sujeito bem barbeado, que estava ficando grisalho nas têmporas e cujo rosto não lhe era estranho. Que ele trabalhava com a lei era visível na sua aparência. Ninguém poderia duvidar. E, de fato, sir George Durand era um famoso advogado.

– Bem, Parfitt – observou ele, com uma ironia bem-humorada –, você teve mesmo que apertar o passo, não?

– O que não é nada bom para o meu coração, receio – retorquiu Canon. – Mas que coincidência encontrá-lo aqui, sir George. Está indo para o norte?

– Newcastle – respondeu sir George, lacônico. – Falando nisso – acrescentou ele –, por acaso você conhece o dr. Campbell Clark?

O homem sentado do mesmo lado que Canon na cabine inclinou gentilmente a cabeça.

– Nos conhecemos na plataforma da estação – continuou o advogado. – Outra coincidência.

Canon Parfitt olhou com interesse para o dr. Campbell Clark. Ele já ouvira falar do médico. Era um conhecido especialista em doenças mentais. Seu mais recente livro, *O problema do inconsciente*, estava entre os mais discutidos do ano.

Canon Parfitt reparou na mandíbula quadrada, nos olhos azuis frios e calmos, no cabelo ruivo que não tinha nenhum toque de cinza, mas estava ficando escasso. A impressão que se tinha era a de um homem de uma personalidade muito forte.

Seguindo um impulso perfeitamente natural, Canon olhou para o assento bem à sua frente, esperando encontrar novamente um sorriso de reconhecimento. Mas o quarto ocupante da cabine era um completo desconhecido. Possivelmente um estrangeiro. Era um homem ligeiramente bronzeado, de aparência insignificante. Enfiado num sobretudo, ele parecia dormir profundamente.

– Canon Parfitt, de Bradchester? – perguntou o dr. Campbell Clark, animado.

Canon sentiu-se lisonjeado. Os seus sermões científicos tinham mesmo atraído a atenção de um bom número de pessoas, especialmente depois de serem comentados pelos jornais. Bem, era disso que a igreja precisava: uma abordagem moderna, afinada com os novos tempos.

– Li o seu livro com grande interesse, dr. Clark – declarou ele. – Apesar das passagens mais técnicas que tive dificuldade em acompanhar.

Durand se intrometeu na conversa:

– Você prefere conversar ou dormir, Canon? Confesso que sofro de insônia e portanto sou a favor da primeira opção.

– Ah, certamente! Sem dúvida – disse Canon. – Dificilmente durmo nessas viagens noturnas, e o livro que trouxe é muito chato.

– Nossa reunião aqui não deixa de ser algo notável – observou o médico, com um sorriso. – Representamos a Igreja, a lei e a medicina.

– Dificilmente ficaríamos sem assunto – disse Durand, com uma risada. – A Igreja fala da perspectiva espiritual, eu falo da perspectiva mundana da lei e você, doutor, tem uma perspectiva mais ampla, que vai do meramente patológico ao parapsicológico! Não deixaríamos nenhum ângulo sem explorar.

– Mas ficaria faltando alguma coisa. Há algo que você deixou de fora – disse o dr. Clark – e que creio ser importante.

– O quê? – perguntou o advogado.

– O ponto de vista do homem comum, esse que encontramos nas ruas.

– Mas esse ponto de vista é mesmo importante? Não é verdade que a opinião das pessoas nas ruas é geralmente incorreta?

– Ah, quase sempre. Mas a opinião do homem comum tem uma coisa que falta à do especialista: um viés pessoal. Não é possível nos livrarmos inteiramente desse viés. Descobri isso na minha profissão. Para cada paciente realmente doente que me procura, aparecem outros cinco cujos problemas se resumem a dificuldades de convivência com as pessoas da própria casa. As queixas podem ser diversas, uma cãibra na mão do escritor, uma dor no joelho da dona de casa, mas tudo se resume a isto: o desconforto produzido pelo atrito entre as mentes.

– A maioria dos seus pacientes tem problemas de nervos, imagino... – disse Canon, num tom depreciativo.

Seus próprios nervos lhe pareciam em excelente estado.

– Ah! E o que isso significa? – retorquiu o médico, sem perder tempo. – Nervos! As pessoas pronunciam a palavra num tom desdenhoso, como o senhor acaba de fazer. Até mesmo riem a respeito. Elas dizem: "Não é nada, são só os nervos...". Mas, meu Deus! Ali está a raiz de tudo. Sabemos como curar doenças e diversos tipos de indisposições, mas avançamos muito pouco no que diz respeito ao conhecimento das centenas de causas obscuras que podem atacar os nervos.

– Meu Deus! – declarou Canon Parfitt, que jamais esperara por aquela resposta. – É mesmo?

– O que se pode fazer? – continuou o dr. Campbell Clark. – Nos velhos tempos considerávamos o homem um simples animal, corpo e alma, com ênfase na alma.

– Corpo, alma e espírito – corrigiu o clérigo, polidamente.

– Espírito? – questionou o doutor com uma careta. – O que os religiosos queriam dizer com isso? Acho que nunca explicaram direito, talvez por medo do assunto.

Canon limpou a garganta se preparando para um discurso, mas para a sua tristeza o médico não lhe deu a menor oportunidade de tomar a fala. Clark simplesmente continuou:

– E é possível que o termo mais adequado seja *espíritos* e não *espírito*.

– Espíritos? – repetiu sir George Durand, levantando as sobrancelhas com assombro.

– Exatamente.

Os olhos de Campbell estavam agora fixos no advogado. Inclinou-se para a frente e deu um tapinha no peito do outro homem.

– Você tem mesmo certeza de que há apenas um ocupante desta estrutura? – perguntou ele com ar sério. – Pois é isso que o corpo é. Uma casa que devemos mobiliar, por sete, vinte, quarenta, setenta anos! E no final o inquilino se muda, levando suas coisas, uma por uma, até que a casa desmorona, em ruínas. Você é o dono da casa, temos de admitir, mas por acaso nunca sente nela a presença de outras pessoas? Empregados que se movem cuidadosamente, com passos leves e silenciosos, e são notados apenas pelo trabalho que realizam? Um trabalho que você não se lembra de ter feito. Ou ainda, amigos... Estados de ânimo pelos quais você passa, e que o tornam "uma outra pessoa", como se costuma dizer. Você é o rei do castelo, com certeza, mas não se esqueça de que ali estão também o bobo da corte e outras figuras...

– Meu Deus, Clark! – resmungou o advogado. – Assim você me deixa numa posição difícil. Seria a minha mente como um campo de batalha, disputado por diferentes personalidades em conflito? É essa a última palavra da ciência?

O médico deu de ombros.

– Se o corpo é um campo de batalha, por que seria diferente com a mente?

– Muito interessante – disse Canon Parfitt. – A ciência é muito curiosa...

E ele pensava: "Que tema para um sermão!".

Mas o dr. Campbell Clark se recostara novamente na poltrona, e quando voltou a falar foi num tom desapaixonado e meramente profissional:

– Para falar a verdade, o que me leva a Newcastle esta noite é um caso de dupla personalidade. Um caso muito interessante, de um sujeito neurótico, é claro, mas genuíno.

– Dupla personalidade? – repetiu sir George Durand, pensativo. – É mais comum do que se imagina, não é verdade? Há também casos de amnésia. Outro dia se discutia isso no tribunal, em relação a um inventário.

O dr. Clark moveu a cabeça afirmativamente.

– O caso mais clássico – disse ele – foi o de Felicie Bault. Talvez tenham ouvido falar...

– É claro – disse Canon Parfitt. – Li a respeito nos jornais. Mas já faz um bom tempo... sete anos, se não me engano?

O dr. Clark assentiu com a cabeça.

– A moça se tornou uma das mais famosas da França. Cientistas de todo o mundo viajaram para conhecê-la. Ela tinha nada menos que quatro personalidades distintas. Eram conhecidas como Felicie 1, Felicie 2, Felicie 3 etc.

– Mas não foi em relação a esse caso que se sugeriu a possibilidade de uma fraude? – perguntou sir George, desconfiado.

– As personalidades Felicie 3 e Felicie 4 eram questionáveis – admitiu o médico. – Mas os fatos mais importantes permanecem acima de qualquer suspeita. Felicie Bault era uma camponesa da Bretanha. A terceira numa família de cinco filhos. O pai era alcoólatra e a mãe sofria de problemas mentais. Num acesso de loucura motivado pela bebida, o pai estrangulou a mãe e acabou recolhido a uma instituição, onde passou o resto da vida. Felicie tinha cinco anos de idade. Algumas almas caridosas se interessaram pelas crianças, e Felicie foi criada e educada por uma solteirona inglesa, que mantinha um abrigo para menores abandonados. Mas era pouco o que se podia fazer pela menina. Ela era descrita como muito lerda. Só aprendeu a ler e escrever com extrema dificuldade e parecia incapaz de desenvolver habilidades manuais. Essa inglesa, a srta. Slater, tentou educá-la para o serviço doméstico e encaminhou-a para diversos empregos quando a menina atingiu a idade apropriada.

Mas Felicie não permaneceu em nenhum desses lugares, por causa de sua estupidez e preguiça.

O doutor fez uma pausa. Canon descruzou as pernas e puxou para mais perto do corpo seu cobertor de viagem. Viu que o homem sentado à sua frente se movera. Os olhos dele, que até então permaneciam fechados, estavam abertos, e havia neles algo de indefinido e debochado que incomodou Canon. Era como se o homem ouvisse secretamente o que diziam.

– Existe uma fotografia de Felicie Bault aos dezessete anos de idade – continuou o médico. – Ali ela aparece com o físico rústico e pesado de uma camponesa. Nada nessa imagem sugere que em pouco tempo ela se tornaria uma das mulheres mais famosas da França. Mas de fato, cinco anos mais tarde, Felicie Bault teve uma severa crise nervosa. E ao se recuperar começou a manifestar estranhos fenômenos. Os fatos que vou relatar foram atestados por eminentes cientistas. A personalidade denominada Felicie 1 era indistinguível da Felicie Bault dos últimos 22 anos. Felicie 1 escrevia em francês com muita dificuldade e cometendo uma série de erros. Ela não falava nenhuma outra língua e era incapaz de tocar piano. Felicie 2, ao contrário, falava fluentemente o italiano e tinha algum domínio do alemão. A sua caligrafia era diferente da de Felicie 1, e ela escrevia muito bem em francês. Além disso, discutia política e arte e tocava piano de maneira apaixonada. Felicie 3 tinha muitas características em comum com Felicie 2. Inteligente e aparentemente bem-educada, a diferença entre as duas era de ordem moral. Felicie 3 tinha um comportamento inteiramente depravado. Ela conhecia todas as gírias e expressões chiques do *demi-monde* de Paris. Falava de forma vulgar, blasfemando contra a religião e as “pessoas de bem”. Por fim, existia também Felicie 4, uma criatura que parecia viver no mundo da lua, muito piedosa, com o dom da clarividência. Essa quarta personalidade, entretanto, não pôde ser verificada de forma inteiramente satisfatória. Para algumas pessoas, ela era deliberadamente forjada por Felicie 3, uma espécie de peça pregada por ela no público crédulo. Posso dizer que (talvez com a exceção de Felicie 4) cada uma das personalidades era distinta e separada, e não tinha conhecimento das outras. Felicie 2 era sem dúvida a mais preponderante e às vezes durava por duas semanas, no final das quais Felicie 1 aparecia de súbito para ficar um ou dois dias. Depois disso talvez aparecessem Felicie 3 ou 4, mas as duas raramente ficavam no comando por mais de algumas horas. Cada mudança era acompanhada por uma severa dor de cabeça e sono profundo. Havia uma perda completa de memória com relação aos outros estados, e a personalidade em questão assumia a vida da moça como que a partir do mesmo momento em que a tinha deixado, sem qualquer consciência da passagem do tempo.

– Impressionante – murmurou Canon. – Impressionante mesmo. O universo tem maravilhas que desconhecemos.

– O que sabemos com certeza é que ele está cheio de astutos impostores – observou o advogado secamente.

– O caso de Felicie Bault foi investigado por advogados, médicos e cientistas – declarou o dr. Campbell Clark, sem perder tempo. – Maître Quimbellier, você se lembra dele? Fez uma investigação minuciosa e comprovou o que diziam os cientistas. Afinal de contas, o caso não é assim tão surpreendente. Já conhecíamos o ovo de duas gemas e as bananas gêmeas, não? Por que é que um único corpo não poderia abrigar uma alma dupla?

– Uma alma dupla? – protestou Canon.

O dr. Campbell Clark fixou nele seus olhos azuis penetrantes.

– E como poderíamos chamar? Quer dizer, se a personalidade é a alma...

– Ainda bem que tais casos só ocorrem com pessoas estranhas – observou sir George. – Se fosse um fenômeno comum, traria muitas complicações.

– Trata-se de um fenômeno anormal, é claro – concordou o médico. – É uma pena que não tenham feito um estudo mais demorado, mas a morte inesperada de Felicie pôs um fim à história toda.

– Foi uma morte estranha, não é verdade? Se me lembro bem... – disse o advogado, pensativo.

O dr. Campbell concordou com a cabeça.

– Um caso muito difícil de explicar. Certa manhã, a moça foi encontrada morta na cama. Era evidente que havia sido estrangulada. E, para a surpresa geral, provou-se de forma definitiva que estrangulara a si mesma. As marcas no pescoço eram dos seus próprios dedos. Uma forma de suicídio que exige uma força de vontade sobre-humana, apesar de não ser fisicamente impossível. Nunca se descobriu o que a levou a uma situação dessas. É claro que seu equilíbrio mental era precário. Seja lá como for, a morte trágica pôs um fim às investigações sobre o caso.

Foi então que o homem sentado na frente de Canon soltou uma gargalhada.

Os outros três pularam de susto. Sequer se lembravam da presença do quarto homem. Quando olharam para o lugar onde ele estava, ainda enrolado no sobretudo, o homem riu de novo.

– Peço desculpas, senhores – disse ele, num inglês perfeito, que tinha ainda assim um leve sotaque estrangeiro.

Ele se aprumou na cadeira, revelando o rosto pálido e um bigodinho preto.

– Sim, me desculpem – disse ele, inclinando a cabeça debochado. – Mas, realmente! É essa a última palavra da ciência?

– O senhor sabe alguma coisa sobre o caso que discutíamos? – perguntou o médico.

– Sobre o caso? Não, mas eu a conhecia.

– Felicie Bault?

– Sim. E também Annette Ravel. Vocês nunca ouviram falar de Annette Ravel, não é verdade? Mas a história de uma é a história da outra. Podem acreditar no que estou dizendo. Não se sabe nada sobre Felicie Bault se não se conhece a história de Annette Ravel.

Ele tirou o relógio do bolso e conferiu as horas.

– Só mais meia hora para a próxima parada. Tenho tempo para lhes contar a história. Quer dizer, se estão interessados.

– Por favor, conte-nos o que sabe – pediu o médico.

– Mas que maravilha – disse Canon. – Que maravilha.

Sir George Durand apenas se ajeitou no banco, de forma a poder dirigir toda a sua atenção à história que seria contada.

– Meu nome – começou o estranho companheiro de viagem – é Raoul Letardeau. Vocês acabam de mencionar uma inglesa que dedicou a vida a obras de caridade, a srta. Slater. Eu nasci naquele vilarejo de pescadores da Bretanha, e quando meus pais morreram num acidente de trem foi a srta. Slater quem me resgatou e salvou de um asilo. Ela tomava conta de cerca de vinte crianças, meninas e meninos. Entre elas estavam Felicie Bault e Annette Ravel. Para que vocês entendam o caso, é preciso que eu lhes descreva a personalidade de Annette. Ela era filha daquilo que se costuma chamar de uma "mulher de vida fácil", que morrera tísica, abandonada pelo amante. A mãe fora dançarina, e o sonho de Annette também era dançar. A primeira vez que a vi, Annette tinha onze anos. Um fiapo de gente, de olhos muito vivos, ora debochados, ora promissores, mas sempre radiantes. Imediatamente, sim, imediatamente ela fez de mim seu escravo. "Raoul, faça isso", "Raoul, faça aquilo". E eu obedecia. Ela era como uma rainha para mim, e sabia disso.

"Íamos juntos até a praia, nós três, pois Felicie nos acompanhava. Chegando lá, Annette tirava os sapatos e as meias e dançava na areia. Isso até perder o fôlego e cair no chão. Então ela nos contava tudo o que queria ser e fazer no futuro:

"– Eu vou ser famosa. Sim, muito famosa. Vou ter centenas, milhares de meias de seda, da seda mais fina. Vou morar num apartamento dos mais chiques. Meus amantes serão jovens, belos e muito ricos. Toda a Paris vai me assistir dançar. As pessoas vão se emocionar, gritar, ficar loucas comigo dançando. Mas não dançarei no inverno. Nessa época irei para o sul em busca do sol. Vou ter uma casa de campo rodeada de laranjeiras. Vou comer laranjas tomando sol, deitada em almofadas de seda. Quanto a você, Raoul, prometo nunca esquecê-lo, não importa o quanto eu for rica e famosa. Você vai ser meu protegido, e também um homem de sucesso. Felicie vai ser a minha criada... Não, não... ela é muito atrapalhada para isso... Olhe para as mãos dela. São grandes demais!

"Felicie acabava se irritando com a brincadeira, e Annette a provocava ainda mais.

"– Sim, Felicie... você é tão refinada, tão elegante! Uma princesa disfarçada de sapo!

"– Pelo menos meus pais eram casados, ao contrário dos seus – urrava ela, rancorosa.

"– Sim, e seu pai matou a sua mãe. Um belo casal. E nada mais bonito do que ser a filha de um assassino.

"– Pior o seu, que abandonou sua mãe até que ela apodrecesse – retorquia Felicie.

"– Ah, sim! É verdade... *pauvre maman* – admitia Annette, pensativa. – É preciso ser forte e saudável. Forte e saudável...

"– Sou forte como um cavalo! – exclamava Felicie.

"E de fato ela era. Ela tinha o dobro do tamanho de qualquer outra menina na casa. E nunca ficava doente. Mas era muito burra, entendem? Burra como uma besta de carga. Nunca entendi por que ela e Annette andavam sempre juntas. Acho que Felicie era fascinada por Annette, ao mesmo tempo em que a odiava. Porque Annette não a tratava muito bem. Ela debochava do quanto era lerda e estúpida e a humilhava na frente dos outros. Felicie ficava lívida de raiva. Às vezes eu imaginava que ela iria saltar com seus dedos grossos no pescoço de Annette e esganá-la. Felicie não era capaz de revidar com a mesma rapidez os insultos inteligentes da outra menina, mas havia aprendido uma resposta que sempre funcionava. Era a referência à sua própria saúde e força. Ela descobrira instintivamente que Annette invejava a sua força, e que essa era uma vantagem que tinha sobre a outra.

"Um dia, Annette me procurou exultante:

"– Raoul – disse ela –, hoje vamos nos divertir a valer com a burra da Felicie. Vamos morrer de rir.

"– O que você vai fazer?

"– Venha comigo até atrás do galpão que lhe conto.

"Annette encontrara um velho livro sobre hipnotismo. O assunto era bem mais complexo do que ela podia entender, mas pôde pôr em prática o que lera em certas passagens.

"– Um objeto brilhante, é isso o que eles dizem. Usei a bola de latão da cabeceira da minha cama, que dá para girar. Fiz com que Felicie olhasse para ela ontem à noite. Pedi que ela se concentrasse no objeto sem tirar os olhos dele, enquanto eu o fazia girar. Raoul, tive medo! Os olhos dela ficaram estranhos. Muito estranhos. Disse a ela que devia fazer tudo o que eu mandasse, e ela me respondeu que faria. Aí sugeri a ela que levasse até o pátio para comer, hoje ao meio-dia, um sebo de vela. E, se alguém fizesse alguma pergunta, ela deveria dizer que aquele era o bolo mais gostoso que já comera. Oh, Raoul! Imagine a graça!

"– Mas ela jamais vai fazer uma coisa dessas – objetei.

"– O livro diz que sim. Não que eu acredite totalmente nesse livro, mas... Se for verdade, vai ser muito engraçado!

"Também achei a ideia muito engraçada. Avisamos as outras crianças e ao meio-dia estávamos todos no pátio. Pontualmente, Felicie apareceu segurando um toco de vela. Senhores, vocês acreditariam se eu lhes disser que ela começou a mordiscá-lo solenemente? Quanto a nós, não podíamos acreditar no que víamos! Um por um, íamos até ela e perguntávamos:

"– Está bom isso que você está comendo, Felicie?

"E ela respondia:

"– Mas é claro. É o bolo mais gostoso que já comi.

"Não nos aguentávamos e estourávamos de rir. O barulho lá pelas tantas parece ter acordado Felicie, que se deu conta do que estava fazendo. Ela piscou os olhos confusa, olhou para a vela e depois para nós. Passou a mão pela testa e murmurou:

"– Mas o que é que estou fazendo aqui?

"– Comendo vela! – gritamos.

"– Fui eu que fiz você comer. Eu que fiz você comer! – exclamou Annette, dançando.

"Felicie arregalou os olhos. Ela foi até onde Annette estava e disse:

"– Então foi você? Você que me fez passar por esse ridículo? Parece que me lembro de alguma coisa... Ah! Vou matá-la por isso.

“Ela disse aquilo numa voz calma, sem se alterar, mas Annette disparou e se escondeu atrás de mim.

“– Salve-me, Raoul! Estou com medo. Era só uma brincadeira, Felicie, só uma brincadeira.

“– Eu não gosto desse tipo de brincadeira – disse Felicie. – Você está me ouvindo? Eu odeio você. Odeio.

“De repente, Felicie explodiu num choro compulsivo e desapareceu da nossa vista. Creio que Annette se assustou com o resultado da brincadeira e não repetiu aquilo. Mas, daquele dia em diante, a influência dela sobre Felicie pareceu aumentar.

“Hoje em dia penso que Felicie devia odiá-la, mas ainda assim não conseguia se livrar da sua influência. Ela seguia Annette como se fosse um cachorro.

“Pouco tempo depois, encontraram um emprego para mim, e eu só voltava para casa em alguns feriados. Nunca levaram a sério o desejo de Annette de se tornar uma dançarina, mas ela desenvolveu uma bela voz, e a srta. Slater consentiu que fosse estudar canto.

“Annette não era preguiçosa. Ela trabalhava febrilmente, sem descanso. E a srta. Slater tinha de controlá-la para que ela não se excedesse. Um dia ela me disse:

“– Você sempre gostou de Annette. Diga a ela que não se desgaste tanto. Ultimamente andou tossindo. Não gosto disso.

“Um tempo depois, tive de me afastar para longe por causa do trabalho. Recebi uma ou duas cartas de Annette, mas depois não tive mais notícias. Acabei indo para o exterior por cinco anos.

“Inteiramente por acaso, quando retornei a Paris fui surpreendido por um pôster que anunciava uma apresentação de Annette Ravelli, com uma foto da moça. Reconheci-a imediatamente e fui ao teatro para vê-la. Annette cantava em francês e em italiano. Ela era maravilhosa no palco. Ao final do espetáculo, fui até o camarim, e ela me recebeu.

"– Raoul! – exclamou, estendendo-me as suas mãozinhas pálidas. – Que esplêndido! Por onde andou todos esses anos?

"Teria contado tudo a ela, mas acho que não estava realmente interessada.

"– Veja só! – disse ela, indicando com um gesto os buquês de flores espalhados pelo quarto.

"– A srta. Slater deve estar orgulhosa – eu disse.

"– Aquela velha? De fato. Ela me mandou para o conservatório, sabia? Para que eu fosse uma cantora de recitais. Mas sou uma artista! É no teatro de variedades que posso realmente me expressar.

"Naquele exato momento, entrou no camarim um homem de meia-idade, bonito e muito bem vestido. Logo vi que era o protetor de Annette. O homem me olhou desconfiado, e Annette explicou quem eu era.

"– Um amigo de infância. Veio a Paris, viu meu pôster *et voilà*!

"O homem foi muito gentil e bem-educado. Enquanto eu ainda estava ali, deu de presente a Annette um bracelete de rubis e diamantes, que ele mesmo prendeu em seu pulso. Levantei-me para ir embora, e ela soltou um suspiro e lançou-me um olhar de triunfo.

"– Cheguei onde eu queria, não cheguei? Você está vendo? Tenho o mundo diante de mim.

"Mas ao deixar o camarim a ouvi tossir, uma tosse áspera e seca. Eu sabia o que significava. A herança da mãe tísica.

"Encontrei-a dois anos mais tarde. Tinha voltado para a casa da srta. Slater. Sua carreira acabara. Estava sendo consumida pela tuberculose, e os médicos diziam que nada podia ser feito.

"Ah! Lembro-me daquele dia como se fosse hoje, e acho que jamais vou esquecer. Ela estava deitada numa espécie de cabana armada no jardim. Mantinham-na do lado de fora dia e noite. As bochechas estavam cavadas e vermelhas, os olhos brilhantes e febris, e ela tossia sem parar.

"Annette me cumprimentou com uma espécie de desespero que me assustou.

"– É tão bom vê-lo, Raoul. Sabe o que os médicos dizem? Que posso não melhorar. Dizem isso nas minhas costas, é claro. Na minha frente dizem apenas coisas agradáveis e consoladoras. Mas é tudo mentira, Raoul, tudo mentira! E eu não vou me entregar dessa forma. Morrer? Com uma vida toda pela frente? O que importa é a nossa vontade de viver. É o que dizem os grandes médicos. Não sou fraca, não vou me deixar levar. Já me sinto muito melhor, muito melhor, você entende?

"Ela se erguia apoiando o corpo no cotovelo, a fim de que suas palavras fossem ouvidas dentro de casa, mas acabou tendo um ataque de tosse que sacudiu seu corpo todo.

"– Essa tosse... não é nada – disse ela, com a voz entrecortada. – Tampouco tenho medo de hemorragias. Vou surpreender os médicos. O que conta é a vontade. Lembre-se disso, Raoul. Eu vou viver.

"Era uma cena horrível, entendem? Realmente horrível.

"Naquele mesmo momento, Felicie Bault apareceu com uma bandeja. Um copo de leite quente. Ela alcançou-o para Annette e observou-a beber com uma expressão que para mim pareceu incompreensível. Uma espécie de satisfação petulante.

"Annette também percebeu o olhar. Ela atirou o copo no chão com força, fazendo com que se espatifasse.

"– Você viu a cara dela? Agora deu para me olhar dessa maneira. Está feliz que vou morrer! Sim, para ela é um motivo de regozijo. Faz com que ela se sinta ainda mais forte e saudável. Olhe para ela, nunca fica doente! E que vantagem há nisso? Para que presta essa carcaça? Não tem utilidade nem para si mesma.

"Felicie inclinou-se e juntou os cacos do copo partido.

"– Não me importo com o que ela diz – cantarolou. – Que importância pode ter? Pelo menos sou uma moça respeitável. Quanto a ela, não vai demorar muito para que conheça as chamas do purgatório. Sou uma boa cristã e me calo.

"– Você me odeia! – gritou Annette. – Você sempre me odiou. Mas eu ainda domino você. Posso obrigá-la a fazer o que eu quiser. Agora mesmo, basta uma palavra minha para você cair de joelhos aqui na grama diante de mim.

"– Você é absurda – disse Felicie, temerosa.

"– Mas é verdade. Você vai fazer. Para me agradar. Ajoelhe-se. É Annette quem está pedindo. De joelhos, Felicie.

"Seja pelo tom extraordinário de súplica, seja por alguma outra razão mais obscura, Felicie obedeceu. Ela caiu vagarosamente de joelhos, com os braços muito abertos e uma expressão indefinida, estúpida, no rosto.

"Annette atirou a cabeça para trás e soltou uma gargalhada.

"– Veja que cara de estúpida! Que coisa mais ridícula! Pode se levantar agora, Felicie, obrigada! Não adianta ficar com essa cara amarrada. É como tem de ser: eu domino e você obedece.

"Exausta, ela voltou a se recostar sobre os travesseiros. Com toda calma, Felicie pegou a bandeja e começou a caminhar na direção da casa, lançando para trás, por cima do ombro, um olhar duro de ressentimento que me assustou.

"Quanto Annette morreu, eu não estava lá. Mas sei que foi uma morte horrível. Ela lutou contra a morte até o fim, como se pudesse vencê-la, agarrada à vida com desespero. Já sem fôlego, ela não podia deixar de repetir:

"– Eu não vou morrer, estão me ouvindo? Eu não vou morrer. Vou viver, viver.

"A srta. Slater me contou tudo isso quando voltei lá para visitá-la, seis meses depois.

"– Meu pobre Raoul – disse ela, gentilmente –, você a amava, não é verdade?

"– Muito. Mas o que eu poderia ter feito? Não vamos mais falar sobre isso. Ela está morta agora. Tão cheia de vida, tão vibrante, mas morta.

"A srta. Slater era uma mulher sensível. Ela mudou de assunto. Estava muito preocupada com Felicie. A moça tivera uma espécie de colapso nervoso muito esquisito, depois do qual seu comportamento mudara radicalmente.

"– Você acredita – declarou a srta. Slater, depois de uma breve hesitação – que ela está aprendendo a tocar piano?

"Não acreditei. Felicie aprendendo a tocar piano? Absurdo. Ela seria incapaz de distinguir uma nota da outra.

"– Mas dizem que ela tem talento – continuou a srta. Slater. – Eu não consigo entender... sempre a considerei... bom, você sabe, Raoul, ela sempre foi uma menina lenta e estúpida.

"Eu assenti com a cabeça.

"– Ela está com modos tão estranhos. Não sei o que pensar.

"Minutos depois, entrei na sala de leitura. Felicie tocava piano. Ela tocava a mesma canção que ouvi Annette cantar em Paris. Podem imaginar a minha surpresa. E então, percebendo que eu entrara na sala, ela interrompeu a música e olhou para mim. Era um olhar irônico e inteligente. Por um momento pensei que...

"– Veja! – disse ela. – Se não é o monsieur Raoul!

"É impossível para mim descrever a forma como ela disse aquilo. Para Annette, eu nunca deixara de ser Raoul. Felicie, ao contrário, sempre me chamava de monsieur, porque nos conhecêramos já crescidos. Mas ela agora dizia aquilo de uma forma inteiramente diferente. Era como se, ao exagerar um pouco o *monsieur*, ela se divertisse com a frase.

"– Ora, Felicie – gaguejei –, como você está diferente.

"– Estou? – perguntou ela, refletindo. – Que estranho. Mas chega de tantas formalidades. A partir de agora vou chamá-lo de Raoul. Não brincávamos juntos quando crianças? A vida foi feita para a gente se divertir. Vamos falar um pouco da pobre Annette, morta e enterrada. Será que está no purgatório?

"E ela cantarolou um trecho de música. Desafinada, mas as palavras chamaram a minha atenção.

"– Felicie, você fala italiano?

"– E o que tem isso? Talvez eu não seja tão estúpida quanto pareça – disse ela, soltando uma gargalhada.

"– Que estranho... – murmurei.

"– Vou lhe dizer uma coisa. Sou uma excelente atriz, embora ninguém nunca tenha suspeitado. Posso representar diversos papéis, e de forma muito convincente.

"Ela soltou outra gargalhada e correu para fora do quarto antes que eu pudesse detê-la.

"Eu a vi mais uma vez antes de ir embora. Dormia numa cadeira. Dormia profundamente e roncava. Fiquei observando-a, fascinado e repugnado. Sem mais nem menos ela acordou, como se levasse um susto. Seus olhos duros e sem vida encontraram os meus.

"– Monsieur Raoul... – disse ela mecanicamente.

"– Sim, Felicie. Estou indo. Gostaria de ouvi-la tocar mais uma vez antes de ir.

"– Tocar? Tocar o que, senhor Raoul?

"– Piano, como hoje de manhã.

"Ela me olhou desconfiada.

"– Como é que uma desajeitada como eu poderia tocar piano?

"Ela fez uma pausa, como se refletisse, e então puxou-me para perto dela.

"– Monsieur Raoul, coisas esquisitas estão acontecendo nessa casa! É preciso tomar cuidado. Mexem nos relógios. Sei muito bem o que estou dizendo. E é tudo coisa dela...

"– Dela quem?

"– Annette. Estava sempre me atormentando, quando viva. Agora, morta, sai da sepultura para me pregar peças...

"Olhei firme nos olhos dela, que, arregalados, estavam tomados de horror.

"– Ela é ruim. Realmente ruim. Escute o que eu estou dizendo. Annette não hesitaria em roubar o pão da sua boca, o casaco das suas costas, *a alma do seu corpo...*

"Ela apertou meu braço com força.

"– Tenho medo, muito medo. Escuto a voz dela. Não no meu ouvido, mas na minha cabeça – disse Felicie, batendo com a ponta dos dedos na testa. – Annette vai me levar daqui, para longe. O que vou fazer? O que será de mim?

"Ela estava a ponto de gritar de desespero. Tinha nos olhos o terror bestial de um animal desgarrado.

"De repente ela sorriu. Um sorriso calmo e ao mesmo tempo determinado que me deixou arrepiado.

"– Se isso acontecer, monsieur Raoul... tenho mãos muito fortes, muito fortes...

"Até então, eu nunca reparara direito nas mãos dela. Agora me davam arrepios. Dedos quadrados e brutais. Terrivelmente fortes, como ela mesma dissera. Fui tomado de uma náusea difícil de descrever. Eram as mesmas mãos com que o pai dela estrangulara a mãe...

"Foi a última vez que vi Felicie Bault. Logo depois disso, viajei para a América do Sul. Retornei de lá só dois anos depois da morte dela. Li alguma coisa nos jornais sobre a vida dela e sua morte súbita. Esta noite, fiquei sabendo de mais coisas por meio dos senhores. Felicie 3 e Felicie 4? Ela era mesmo uma ótima atriz!"

O trem de repente diminuiu a marcha. O desconhecido se aprumou no banco e abotoou o sobretudo.

– Qual é a sua teoria sobre o caso? – perguntou o advogado, inclinando-se para frente.

– É difícil de acreditar... – disse Canon Parfitt, e voltou a ficar em silêncio.

O médico não disse nada. Ele olhava fixamente para Raoul Letardeau.

– *Roubar o pão da sua boca, o casaco das suas costas, a alma do seu corpo...* – repetiu o francês em voz baixa.

Ele se levantou.

– Para mim, a história de Felicie Bault é a história de Annette Ravel. Os senhores não a conheceram. Eu sim. Ela era muito apegada à vida...

Com a mão na porta, pronto para deixar a cabine, ele de repente se virou, inclinou-se e deu uma batidinha no peito de Canon Parfitt.

– *Monsieur le docteur* acaba de nos informar que isso tudo – disse ele, dando outra batidinha no estômago de Canon e fazendo o clérigo estremecer – é apenas uma residência. Agora me diga. O que o senhor faria se encontrasse um ladrão na sua casa? Atiraria nele, não?

– Não – exclamou Canon. – De forma alguma. Pelo menos não neste país.

Mas suas palavras não foram ouvidas pelo desconhecido, que saiu batendo a porta da cabine.

O clérigo, o advogado e o médico foram deixados a sós. O quarto canto ficou vazio.

A CIGANA

I

Macfarlane já tinha reparado que seu amigo, Dickie Carpenter, não gostava de ciganas. Ele nunca soubera o motivo daquela aversão peculiar. Mas, quando o noivado de Dickie e Esther Lawes se rompeu, as reservas entre os dois homens caíram por terra.

Macfarlane era noivo da irmã mais jovem, Rachel, há cerca de um ano. Ele conhecia ambas as irmãs Lawes desde criança. De temperamento calmo e ponderado, ele relutara em admitir a atração cada vez maior que começara a sentir pelo rosto ainda ligeiramente infantil de Rachel e por seus ternos olhos castanhos. Não era tão bela quanto Esther, mas muito mais verdadeira e doce. Os dois homens tinham se tornado mais próximos depois do noivado de Dickie com a irmã mais velha.

E agora, depois de poucas semanas, aquele noivado acabara, e Dickie, um sujeito descomplicado, estava arrasado. Até aquele momento, a vida do jovem decorrera tranquila. A carreira na marinha fora bem escolhida. Ele tinha uma inclinação nata para a vida no mar. Era meio viking. Sua natureza simples e primitiva era imune a qualquer sutileza de ordem intelectual. Ele pertencia àquela classe pouco articulada de jovens ingleses que são alheios às próprias emoções e têm dificuldade de explicar o que se passa na própria cabeça.

Macfarlane, um escocês austero, com uma imaginação céltica escondida em alguma parte, escutava e fumava enquanto o amigo se debatia para dar vazão a uma torrente de pensamentos incoerentes. Ele sabia que o desabafo estava por vir, mas esperava algo diferente. Para começar, Esther Lawes não foi sequer mencionada. Apenas, ao que parece, uma lembrança aterrorizante da infância.

– Tudo começou com um sonho que tive quando criança. Não era bem um pesadelo. Ela... a cigana, você entende? Aparecia em todos esses sonhos antigos. Mesmo em sonhos bons. Quer dizer, sonhos bons na cabeça de uma criança, com festas, bolos, brinquedos. Eu estava feliz, brincando, e de repente sentia, *sabia*, que se levantasse os olhos ela estaria lá, de pé, como sempre me observando... Com olhos tristes, entende? Como se ela soubesse de alguma coisa que eu não sabia... Não sei explicar por que aquilo me incomodava tanto... mas me incomodava! Sempre! Eu acordava berrando, em pânico, e minha babá dizia: "Dickie sonhou com a cigana de novo!".

– E de ciganas de verdade? Nunca teve medo?

– Só recentemente vi uma. Também foi estranho. Eu estava atrás de um dos filhotes da nossa cadela. Ele tinha fugido. Saí pela porta do jardim e segui por um dos caminhos que levavam pela floresta. Morávamos em New Forest naquela época, como você sabe. Acabei chegando a uma clareira onde havia uma ponte de madeira sobre um riacho. Bem ao lado da ponte estava uma cigana... com um lenço vermelho amarrado na cabeça... exatamente como no sonho. Fui tomado pelo medo! Ela olhou para mim... do mesmo jeito... como se soubesse de algo que eu não sabia, como se lamentasse alguma coisa. E então, sacudindo a cabeça, ela disse com calma: "Se eu fosse você, não iria nessa direção". Não sei por que, mas aquilo me apavorou. Saí correndo pela ponte. Acho que estava podre. De qualquer forma, a ponte caiu, e fui levado pela correnteza. Uma corrente bem forte. Quase me afoguei. Quase me afoguei! Jamais vou esquecer. E me pareceu que tudo tinha relação com a cigana.

– Bem, ela avisou para você não atravessar.

– De certa forma, sim – admitiu Dickie.

Depois de uma pausa, ele continuou:

– Eu não lhe contei esse sonho por causa do que aconteceu depois. Acho que não, pelo menos. O sonho é como o começo de tudo, entende? É dali que vem essa sensação esquisita de que falo. Essa coisa que tenho com ciganas. Mas agora vou contar o que aconteceu na primeira noite em que fui à casa dos Lawes. Eu tinha acabado de voltar da costa oeste. Era gozado estar de volta à Inglaterra. Os Lawes eram velhos amigos da minha família. Acho que desde os sete anos eu não tinha mais visto as duas irmãs. Mas Arthur era um grande amigo meu e, depois que ele morreu, Esther costumava me escrever umas coisas. Cartas de cair o queixo! Bonitas. Faziam com que eu me sentisse melhor. O que não eram boas eram as minhas respostas. Queria muito poder vê-la. Era estranho conhecê-la tão bem somente através das cartas. A primeira coisa que fiz quando cheguei foi ir à casa dos Lawes. Esther não estava, mas voltaria à noite. Sentei ao lado de Rachel durante o jantar e, ao olhar para as coisas na mesa, tive um pressentimento estranho. Era como se alguém me observasse. Aquilo me deixava constrangido. Foi então que eu a vi.

– Viu quem?

– A sra. Haworth... Você não está prestando atenção no que estou dizendo?

Até agora você estava falando sobre Esther Lawes, Macfarlane esteve a ponto de responder, irritado, mas se conteve. Dickie continuou:

– Ela era muito diferente dos outros. Estava sentada ao lado do velho Lawes e inclinava a cabeça atentamente para ouvi-lo. Tinha uma espécie de tule esquisito ao redor do pescoço. O tule estava meio torto, eu acho, porque ficava de pé atrás da cabeça dela, como se fosse uma chama... Eu perguntei a Rachel: "Quem é essa mulher? Aquela morena, com uma echarpe vermelha?". Ela respondeu: "Alistair Haworth? Está usando uma echarpe vermelha, mas ela é loira. Completamente loira!".

"E ela era, entende? O cabelo dela era bem claro, chegava a brilhar. E eu podia ter jurado que era preto! Os olhos pregam peças estranhas na gente... Depois do jantar, Rachel nos apresentou. Caminhamos pelo jardim e conversamos sobre reencarnação."

– Reencarnação, você?

– Pior. Me lembro de ter dito que era uma bela forma de explicar aqueles encontros esquisitos em que você conhece alguém pela primeira vez, mas é como se já conhecesse antes. Ela disse: "Você quer dizer amor à primeira vista...". Ela falou aquilo de um jeito esquisito. Meio sôfrego e descontrolado. Me lembrou de alguma coisa, mas eu não sabia o que era. Continuamos tagarelando por mais um tempo até que o velho Lawes nos chamou para o terraço. Esther chegara e queria me ver. A sra. Haworth pôs a mão no meu braço e disse: "Você vai entrar?". "Sim", respondi. "Acho melhor, mas..." E aí, aí...

– O que foi?

– Isso é muito esquisito. A sra. Haworth disse: "Se eu fosse você, não iria...".

Ele fez uma pausa, depois continuou:

– Aquilo não cheirava nada bem. Me apavorei. Me apavorei mesmo, entende? É por isso que lhe contei do sonho... Ela disse exatamente como no sonho. Ela disse aquilo com calma, como se soubesse de algo que eu não sabia. Não era apenas uma mulher bonita que queria minha companhia no jardim. Falava como se estivesse preocupada e triste. Como se soubesse o que aconteceria... Acho que fui meio grosseiro. Dei-lhe as costas e voltei para a casa. Voltei para a casa correndo. Parecia que lá eu estaria seguro. Desde o início, ela me provocara medo. Foi um alívio ver o velho Lawes. Esther, ao lado dele...

Dickie hesitou por um minuto e depois murmurou, sem explicar:

– Sem dúvida, no momento em que a vi... senti a corda no pescoço.

Macfarlane se lembrou imediatamente de Esther Lawes. Uma vez, ouvira descreverem-na como "um metro e oitenta de pura perfeição judaica". Uma descrição estranha, que de certa forma condizia com a altura da moça, fora do comum, seu rosto alongado, branco como mármore, o nariz ligeiramente adunco e cabelos e olhos de um negro profundo e esplendoroso. Sim, era impossível que Dickie, em sua simplicidade pueril, não se deixasse fascinar. Esther nunca causara a Macfarlane o menor arrepio, mas ele tinha consciência da beleza arrebatadora da moça.

– E então – continuou Dickie –, noivamos.

– Naquele mesmo dia?

– Bem, uma semana depois. E bastaram quinze dias para que ela descobrisse que não dava a mínima para mim – disse ele, soltando uma gargalhada amarga. – Foi na véspera da minha volta ao navio. Eu vinha do vilarejo pelo bosque quando a vi. A sra. Haworth, quero dizer. Ela usava uma boina militar e me deu um susto! Já lhe contei o meu sonho... Caminhamos juntos por um tempo. Nada de mais, você entende?

– Nada? – repetiu Macfarlane, que olhava curioso para o amigo.

É estranho como as pessoas revelam coisas que nem elas sabem.

– Então, quando eu estava prestes a retornar para casa, ela me segurou. Ela disse: "Você vai chegar a tempo. Antes do que devia. *Eu não voltaria tão cedo se fosse você...*". Então eu soube que algo de horrível estava à minha espera. E... assim que cheguei em casa, encontrei Esther. Foi quando ela me disse que eu não significava nada para ela...

Macfarlane grunhiu, solidário ao amigo.

– E a sra. Haworth? – ele perguntou.

– Nunca mais a vi, até ontem à noite.

– Ontem à noite?

– Sim. Na enfermaria do dr. Johnny. Fui lá para que dessem uma olhada na minha perna, aquela que machuquei na confusão com o torpedo. Estava me incomodando. O velho médico me disse para operar. A operação seria bem simples. E então, quando estava indo embora, esbarrei numa garota que vestia um blusão vermelho por cima do uniforme de enfermeira. Ela disse: "*Se eu fosse você, não faria essa operação...*". Era a sra. Haworth! Saiu andando tão depressa que não consegui detê-la. Encontrei outra enfermeira e perguntei sobre ela. Mas a enfermeira disse que não havia ninguém com aquele nome trabalhando ali... Bizarro...

– Você tem certeza de que era ela?

– Mas claro... ela é muito bonita, entende?

Ele fez uma pausa, depois acrescentou:

– Devo fazer a operação, certo... mas no caso de já terem lançado meus dados...

– Que situação!

– Não deve ser nada, é claro. Mas mesmo assim me sinto melhor agora, depois de ter me aberto com você... Essa história da cigana tem mais coisas. Se pelo menos eu conseguisse lembrar...

II

Macfarlane subiu caminhando a estradinha deserta. Entrou no portão da casa quase no topo do morro. Passou a mão pelo queixo e tocou a campainha.

– A sra. Haworth está?

– Sim, senhor. Vou chamá-la – a empregada deixou-o esperando numa peça comprida de teto baixo, com janelas que davam para o campo. Ele franziu o cenho. Será que não faria um papelão?

De repente ele estremeceu. Uma voz cantava em algum lugar no andar de cima:

A cigana...
Mora no alto do morro...

A voz se interrompeu. O coração de Macfarlane batia acelerado. Abriram a porta.

O cabelo completamente loiro, quase escandinavo, foi para ele uma surpresa. Apesar das palavras de Dickie, ele a imaginara uma cigana de cabelos escuros... Dickie também dissera, com certa ênfase: "Ela é muito bonita". Beleza indiscutível é uma coisa rara. E era isso que Alistair Haworth possuía, uma beleza indiscutível.

Ele se recompôs e caminhou na direção dela.

– Receio que a senhora não me conheça. Consegui o seu endereço com os Lawes. Sou um amigo de Dickie Carpenter.

Ela olhou fixamente para ele por um momento ou dois e depois disse:

– Estava de saída, para uma volta no campo. Você me acompanha?

Ela abriu a porta de vidro e saiu. Ele a seguiu. Um homem robusto, de aparência estúpida, estava sentado numa cadeira de vime, fumando.

– Meu marido! Vamos dar uma volta no campo, Maurice. Depois o sr. Macfarlane vai almoçar conosco. Você vai, não é mesmo?

– Aceito o convite, obrigado.

Ele acompanhou-a subindo a encosta. Perguntava a si mesmo: "Mas por que, meu Deus? Por que se casar com aquilo?".

Alistair caminhou na direção de umas rochas.

– Vamos sentar aqui. Agora você pode me contar o motivo da sua visita.

– Como a senhora sabe que eu tinha algo para contar?

– Sempre sei quando coisas ruins vão acontecer. O caso de Dickie é complicado, não é mesmo?

– Ele teve de fazer uma pequena operação, que foi muito bem-sucedida. Mas seu coração devia estar fraco, porque ele acabou falecendo por causa da anestesia.

Ele não podia saber como ela reagiria, mas não esperava por aquele olhar profundamente melancólico. Ele ouviu-a murmurar:

– Novamente, esperar... esperar, tanto tempo...

Ela olhou para ele e perguntou:

– O que você dizia?

– Nada. Dizia apenas que alguém o avisou que a operação seria perigosa. Uma enfermeira. Ele achava que fosse a senhora. Era mesmo?

Ela sacudiu a cabeça numa negativa.

– Não, eu não. Mas tenho uma prima que é enfermeira. Ela se parece comigo no crepúsculo. Deve ser isso...

Ela fez uma pausa, depois perguntou:

– Mas que importância tem?

Seus olhos de repente brilharam, ela respirou fundo e disse:

– Ah! Mas que engraçado... Você não entendeu?

Macfarlane ficou atrapalhado. Ela tinha os olhos cravados nele.

– Achei que você tivesse entendido... Parecia que...

– Entendido o quê?

– É um dom, uma maldição, chame como quiser. Achei que você também tivesse. Olhe para aquele vão entre as rochas. Apenas olhe. Não lhe parece que...

Ela se interrompeu ao reparar que ele estremecera e imediatamente perguntou:

– Bem, você viu alguma coisa?

– Deve ter sido a minha imaginação. Por um momento, o vão me pareceu cheio de sangue!

Ela assentiu com a cabeça.

– Eu sabia que você tinha. Aquele é o lugar onde os antigos adoradores do sol sacrificavam as suas vítimas. Eu sabia disso antes mesmo de me contarem. E há momentos em que sei exatamente como se sentiam... como se eu tivesse estado lá. E há algo nessa região que me faz sentir em casa... É natural que eu tenha o dom, é claro. Sou uma Ferguesson. Na minha família, há muitos casos de premonição. Minha mãe era uma médium famosa antes de se casar com meu pai. O nome dela era Cristing.

– Por "dom" você quer dizer a capacidade de ver as coisas antes de elas acontecerem?

– Sim, em relação ao futuro ou ao passado; é a mesma coisa. Por exemplo, vi você se perguntar por que me casei com Maurice. É que sempre soube que uma ameaça terrível pesava sobre ele. Eu queria salvá-lo... Nós, mulheres, somos assim. Com o meu dom, posso impedir que a desgraça ocorra... Nem sempre isso é possível. Não pude ajudar Dickie. Ele não entendia... e tinha medo. Era muito jovem.

– Vinte e dois anos.

– E eu tenho trinta. Mas não foi isso o que quis dizer. Podem nos dividir em comprimento, altura, profundidade... A divisão cronológica é a pior – concluiu ela, caindo em silêncio.

Ouviram o repicar de um gongo vindo da casa logo abaixo.

Durante o almoço, Macfarlane teve a chance de observar Maurice Haworth. Era louco pela mulher, sem dúvida. Nos seus olhos lia-se a afeição imperturbável e feliz de um cão. Macfarlane reparou também na delicadeza com que a esposa o tratava. Havia algo de maternal nos gestos dela. Depois do almoço, ele pediu licença.

– Fico hospedado na pousada lá embaixo por mais um ou dois dias. Será que posso visitá-la de novo? Amanhã, quem sabe?

– Sim, mas...

– Mas o quê?

Ela passou rapidamente a mão sobre os olhos.

– Não sei... Tenho a impressão de que não nos veremos mais... Adeus.

Ele desceu calmamente pela estradinha. Contra a sua vontade, uma mão fria parecia envolver e apertar o seu coração. Nada que ela tivesse falado, é claro, mas...

Um carro a toda velocidade fez a curva na esquina. Ele se protegeu recostando-se contra a cerca. Por pouco não foi atingido. Uma palidez estranha tomou conta do seu rosto.

III

– Meu Deus... meus nervos estão em frangalhos – murmurou Macfarlane para si mesmo ao acordar na manhã seguinte.

Ele repassou com frieza um por um os eventos da tarde anterior. O carro, o atalho até a pousada e a súbita névoa que fez com que ele se perdesse, consciente da proximidade de um pântano perigoso. Então a queda da chaminé externa da pousada, e o cheiro de queimado que invadira o seu quarto durante a noite e que ele descobrira ser da cinza no tapete em frente à lareira. Nada de mais. Nada de mais! Se não fosse pelas palavras dela e a certeza que ele tinha de que *ela sabia*...

Pulou imediatamente da cama. Tinha de vê-la o quanto antes. Aquilo ia quebrar o feitiço. Quer dizer... *se ele chegasse lá a salvo*. Meu Deus, mas que bobagem!

Mal conseguiu tomar o café. Às dez horas subia pela estradinha. Às dez e meia batia na porta. Só então se permitiu um suspiro de alívio.

– O sr. Haworth está?

Era a mesma senhora que lhe abrira a porta no dia anterior. Mas o rosto dela estava mudado, descomposto de tristeza.

– Ah, senhor! Mas então ainda não sabe?

– Não sei do quê?

– A patroa, coitadinha. Foi o tônico! Toda a noite ela tomava. O capitão, coitado, está fora de si. Foi ele quem pegou o frasco errado da prateleira, no escuro... Chamaram o médico, mas já era tarde.

Macfarlane lembrou-se imediatamente do que ela dissera: "*Sempre soube que uma ameaça terrível pesava sobre ele... com o meu dom, posso impedir que a desgraça ocorra... Nem sempre isso é possível*". Ninguém foge do destino. Estranha fatalidade que se manifesta até mesmo naquilo que salva.

A velha empregada continuou:

– Coitadinha da patroa, tão bela, tão gentil. Sempre se desculpando quando nos pedia para fazer alguma coisa. Não podia ver ninguém sofrer.

Ela hesitou por um momento e depois acrescentou:

– O senhor gostaria de subir para vê-la? Pelo que ela disse, imagino que a conheça de anos. Ela disse que se conheciam há muito tempo...

Subindo as escadas, Macfarlane acompanhou a mulher até a sala de onde ouvira alguém cantar no dia anterior. Havia vitrais no topo das janelas. Eles lançavam uma luz avermelhada sobre a cabeceira da cama... *Uma cigana com um lenço vermelho amarrado na cabeça.* Absurdo. Seus nervos estavam lhe pregando peças. Ele deu uma última olhada para o corpo de Alistair Haworth.

IV

– Uma senhora quer vê-lo, senhor.

– Hum?

Macfarlane olhava para a sua senhoria como se visse um fantasma.

– Me desculpe, sra. Rowse, eu estava distraído...

– Verdade, senhor? Coisas estranhas acontecem por essas colinas durante a noite. Há a mulher de branco, o ferreiro do diabo, o marinheiro e a cigana...

– Um marinheiro e uma cigana?

– É o que dizem. Quando eu era jovem, contava-se que os dois tinham sido infelizes no amor... Mas já faz muito que não são vistos.

– É? Talvez agora voltem a aparecer...

– Senhor! O que devo dizer à moça que está lá embaixo?

– Que moça?

– A que veio vê-lo. Está esperando na recepção. Srta. Lawes, foi o nome que ela deu.

– Ah!

Rachel! Ele sentiu uma contração esquisita, como uma mudança de perspectiva. Ele estivera espiando um outro mundo. Tinha se esquecido de Rachel, pois Rachel pertencia a esta vida, apenas... De novo, uma curiosa mudança de perspectiva, como se escorregasse de volta para um mundo de três dimensões.

Macfarlane abriu a porta da recepção. Lá estava Rachel, com seus ternos olhos castanhos. E a realidade invadiu-o como uma onda de calor. Ele acordava de um sonho, e estava vivo. Vivo! Pensou consigo mesmo: "Só há uma vida da qual podemos estar *certos*! Esta!".

– Rachel – ele disse e, levantando o queixo dela, beijou-a.

A LÂMPADA

I

Era uma casa antiga, sem dúvida. Toda aquela quadra era de casas antigas, cuja severidade das fachadas combinava muito bem com o espírito daquela cidadezinha, orgulhosa de ter uma catedral. Mas a casa de nº 19 dava a impressão de ser a mais velha de todas. Solene e patriarcal, parecia também a mais cinza, a mais alta, a mais fria. Austera e há muito desabitada, exibia como que um selo peculiar de desolação que a distinguia e a colocava acima das outras propriedades.

Em qualquer outra cidade, ninguém deixaria de se referir a ela como mal-assombrada, mas os habitantes de Weyminster não achavam a menor graça em fantasmas. Eles consideravam que não era de bom-tom qualquer conversa sobre o assunto. Por isso, nunca falavam sobre a casa de nº 19, que ficou por anos a fio à venda e para alugar.

II

Ainda de dentro do carro, a sra. Lancaster lançou um olhar de aprovação à casa. Ela vinha acompanhada pelo corretor, que, normalmente tagarela, estava de fato eufórico diante da possibilidade de se ver livre daquela residência. Ele abriu a porta com a chave sem interromper sua torrente de comentários apreciativos.

– Desde quando a casa estava vazia? – perguntou de repente a sra. Lancaster, a quem o palavrório interminável do corretor já começava a cansar.

A pergunta constrangeu o sr. Raddish (da Raddish & Foplow).

– Ah... bem... hum... Já faz algum tempo... – disse ele, confuso.

– É o que se percebe – disse a sra. Lancaster, secamente.

Era medonho o frio daquele saguão mal iluminado. E teria feito a sra. Lancaster estremecer se ela tivesse um pouco mais de imaginação e não fosse uma mulher tão prática. A sra. Lancaster era alta. Os olhos profundamente azuis contrastavam com a basta cabeleira negra, que mal começara a se tingir de cinza.

Ela percorreu a casa, do porão ao sótão, fazendo perguntas objetivas quando julgava necessário. Depois de terminada a inspeção, retornou até um dos quartos que davam de frente para a rua e encarou o corretor com uma expressão decidida.

– Qual é o problema com esta casa?

A pergunta desconcertou o sr. Raddish.

– Bem... hum... Uma casa sem mobília é sempre um pouco desolada... – murmurou ele na defensiva.

– Não faz sentido algum – concluiu a sra. Lancaster. – O aluguel é muito baixo para este tipo de moradia. Tem de haver um motivo. A casa é assombrada?

O sr. Raddish tomou um susto com a pergunta, mas continuou calado.

A sra. Lancaster cravou nele os olhos. Depois de um momento ou dois, ela disse:

– Bem, é claro que isso tudo não passa de uma bobagem e não me impede de ficar com a casa. Não acredito em fantasmas. Mas infelizmente os empregados são pessoas crédulas, que se assustam por qualquer motivo. Seria melhor que o senhor me explicasse exatamente por que esta casa é tida como assombrada.

– É... hum... Não sei muito bem... – gaguejou o corretor.

– Pois eu tenho certeza de que o senhor sabe – disse ela, sem levantar a voz. – E eu não posso alugar a casa sem que me explique. O que aconteceu aqui? Um assassinato?

– Não, não! – exclamou o sr. Raddish, chocado com a ideia de que algo tão grotesco pudesse ter acontecido numa região respeitável como aquela. – É... apenas uma criança.

– Uma criança?

– Sim. Não conheço a história em detalhes – continuou ele, hesitante. – É claro que há muitas versões diferentes, mas parece que há cerca de trinta anos um homem chamado Williams alugou esta casa. Não se sabia nada sobre ele. O homem não tinha empregados. Não tinha amigos. Dificilmente saía de casa durante o dia. Ele tinha um filho, um menino pequeno. Dois meses depois de alugar a casa, o homem foi a Londres e, chegando lá, foi reconhecido como sendo um "procurado" da polícia. Não sei exatamente sob qual acusação. Devia ser uma acusação grave, porque em vez de se entregar ele acabou se matando. Enquanto isso, o menino continuava vivendo aqui sozinho na casa, com o pouco de comida que lhe fora deixada. Esperou dias e dias pela volta do pai. Infelizmente, haviam lhe passado a orientação de que sob hipótese alguma devia sair à rua ou falar com estranhos. Era uma criaturinha pequena e indefesa. Quanto mais frágil e doente ficava, menos sonhava em desobedecer à ordem que lhe haviam dado. Durante a noite, os vizinhos, sem saber que o pai estava ausente, ouviam ecoar seus soluços pela solidão desolada da casa vazia.

O sr. Raddish fez uma pausa.

– Bem... a criança morreu de fome – concluiu ele, no mesmo tom em que anunciaria que começava a chover.

– E é o fantasma dessa criança que as pessoas imaginam que assombre a casa? – perguntou a sra. Lancaster.

– Ninguém leva a história muito a sério – apressou-se em dizer o sr. Raddish. – Nunca se viu nada, nada. As pessoas comentam apenas que ouvem, mas isso é ridículo, claro... um choro de criança. A senhora entende?

A sra. Lancaster caminhou na direção da porta da frente.

– Gostei muito da casa – disse ela. – Não vou encontrar nada parecido por esse preço. Vou dar mais uma pensada e em seguida o procuro.

III

– Está bem acolhedor, não é, papai?

A sra. Lancaster examinava orgulhosa a sua nova residência. Tapetes de cores vibrantes, móveis bem polidos e uma infinidade de bugigangas haviam transformado por completo a atmosfera desolada da casa de nº 19.

Ela falava com um senhor de idade, alto, magro, de ombros muito inclinados e um rosto frágil, que mais parecia uma miragem. O sr. Winburn não era parecido com a filha. Sempre absorto num mundo de pensamentos nebulosos, seu temperamento estava longe de ser prático e resoluto como o dela.

– Sim – respondeu ele com um sorriso. – Ninguém imaginaria que esta é uma casa mal-assombrada.

– Papai, não diga bobagem! E logo no nosso primeiro dia...

O sr. Winburn sorriu.

– Muito bem, minha querida. Façamos de conta que fantasmas não existem...

– E, por favor – continuou a sra. Lancaster –, não diga nada na frente de Geoff. Ele se impressiona com tudo.

Geoff era o filho da sra. Lancaster. A família era composta pelo sr. Winburn, a sua filha viúva e Geoffrey.

A chuva começou a bater de encontro à janela: tap-tap, tap-tap...

– Escute... passinhos de crianças? – perguntou o sr. Winburn.

– Para mim é a chuva – respondeu a sra. Lancaster, sorrindo.

– Mas isso... *isso são passos*! – exclamou o pai, inclinando-se para ouvir melhor.

A sra. Lancaster soltou uma gargalhada.

O sr. Winburn riu também, constrangido. Estavam tomando chá no salão. Ele estava de costas para as escadas, até que virou a cadeira para encará-las de frente.

O pequeno Geoffrey estava descendo, devagar e meio dormindo, como se estranhasse o novo ambiente. As escadas eram de carvalho polido e não tinham carpete. O menino se dirigiu até a mesa e parou do lado da mãe. O sr. Winburn estremeceu. Enquanto a criança atravessava o salão na direção da mesa, ele ouviu nitidamente o barulho de outros passos na escada, como se alguém seguisse Geoffrey. Passos arrastados, sofridos. O sr. Winburn contraiu os ombros, a fim de tirar a imagem da cabeça. "É a chuva, sem dúvida", pensou.

– Que biscoitos são esses? – perguntou Geoff, com o ar admiravelmente distante de quem descobria sozinho um foco de interesse.

A mãe puxou o prato para perto da borda da mesa.

– Então, meu filho... está gostando da sua nova casa? – perguntou ela.

– Muito – respondeu Geoffrey, enchendo a boca de biscoitos.

E depois, ainda de boca cheia:

– Muito, muito, muito... – num contentamento evidente.

Ele caiu novamente em silêncio, ansioso por apanhar o resto dos biscoitos que haviam ficado no prato.

Depois de encher a boca pela última vez, ele irrompeu num discurso:

– Mamãe, Jane disse que há sótãos aqui... posso ir lá agora? Acho que há uma porta secreta, apesar de a Jane ter dito que não. Mas acho que tem, e também canos, canos d'água! – exclamou ele em êxtase. – Posso explorá-los, e... ver a cal-dei-ra? – soletrou ele, pronunciando as sílabas com tal deleite que fez com que o avô se constrangesse.

Aquela súbita alegria de criança não lhe invocava mais nada senão banho de água fria e uma conta pesada a ser paga ao encanador.

– Vamos ver os sótãos amanhã, querido – disse a sra. Lancaster. – Por que você não constrói uma bela casa ou locomotiva com os seus tijolinhos de montar?

– Não quero construir nenhuma casa. Nem casa, nem locomotiva.

– Por que você não constrói uma caldeira? – perguntou o avô.

O rosto de Geoffrey se iluminou.

– Com canos?

– Sim, com muitos canos.

Geoffrey correu para apanhar os seus tijolos.

A chuva continuava a cair. O sr. Winburn ouvia com atenção. Sim, havia sido o barulho da chuva que ele escutara, apesar de que pareciam passos.

Naquela noite, ele teve um sonho estranho.

Caminhava pelas ruas de uma cidade. Aparentemente, uma cidade grande, mas uma cidade de crianças. Lá não havia adultos, só crianças, uma infinidade delas, que corriam até aquele homem estranho e perguntavam: "Você o trouxe?". E era como se o sr. Winburn soubesse do que estavam falando, pois sacudia a cabeça numa negativa, com uma expressão triste no rosto. Ao receberem a resposta, as crianças se afastavam indignadas e começavam a chorar, soluçando.

A cidade e as crianças desapareceram, e ele acordou sozinho na cama. Mas os soluços continuavam em seus ouvidos. Apesar de bem acordado, podia ouvi-los distintamente. Lembrou-se de que Geoffrey dormia no quarto logo abaixo do seu, mas o som vinha de cima. Ele se sentou e acendeu um fósforo. Os soluços subitamente silenciaram.

IV

O sr. Winburn não comentou nada com a filha sobre o sonho ou o que acontecera depois. Mas tinha certeza de que não fora nenhuma peça pregada por sua imaginação. Na verdade, durante o dia ele voltou a ouvir os soluços. O vento sibilava pela chaminé, mas *aquele* era um ruído diferente e inconfundível: pequenos soluços contidos, de cortar o coração.

Descobriu também que não era o único a ouvi-los. A empregada comentara com a copeira que "a babá não devia cuidar direito de Geoffrey", pois ouvira o menino chorar a manhã toda. Geoffrey descera para tomar o café da manhã radiante de felicidade. Não podia ser ele quem estivera chorando, mas sim aquela outra criança cujos passos arrastados já haviam assustado o sr. Winburn mais de uma vez.

Só a sra. Lancaster continuava sem ouvir nada. Talvez os seus ouvidos não estivessem afinados o suficiente para captar os sons emitidos de um outro mundo.

Até o dia em que ela também tomou um susto.

– Mamãe... – queixou-se Geoffrey. – Por que não posso brincar com o outro menino?

A sra. Lancaster, que estava sentada à escrivaninha, levantou a cabeça, com um sorriso amarelo.

– Que menino, querido?

– Não sei o nome dele. Estava no sótão, sentado no chão e chorando. Saiu correndo quando me viu. Acho que é *envergonhado* – disse ele, num tom desdenhoso –, não é um menino corajoso. Quando eu brincava com meus tijolos no quarto, vi ele parado na porta me olhando. Parecia tão triste... Acho que queria brincar comigo. Eu disse: "Vamos montar uma locomotiva", mas ele não respondeu. Ficou me olhando como... se visse um bolo de chocolate que estivesse proibido de comer!

Geoff suspirou. Lembranças tristes lhe vinham à cabeça. Lá pelas tantas, acrescentou:

– Perguntei a Jane quem ele era, disse que queria brincar com ele, mas ela respondeu que não tinha nenhum outro menino na casa. Mandou eu parar de inventar histórias. A Jane às vezes é um pouco chata...

A sra. Lancaster se levantou.

– Jane está certa. Não há nenhum outro menino na casa.

– Mas eu vi! Mãe... por que é que não posso brincar com ele? Parece tão triste e sozinho. Eu queria ajudar.

A sra. Lancaster ia dizer mais alguma coisa, mas foi interrompida pelo pai:

– Geoff – disse ele, com toda a calma –, esse pobre menino está, sim, triste e sozinho, e talvez você possa fazer alguma coisa para ajudar. Mas você mesmo terá de descobrir como... É parecido com uma charada, entende?

– Tenho de fazer tudo sozinho, porque sou corajoso?

– Sim, porque você é corajoso.

Quando o menino saiu do escritório, a sra. Lancaster disse ao pai, irritada:

– Mas que absurdo, papai! Encorajar o menino a acreditar nas tolices ditas pelos empregados...

– Nenhum empregado contou nada a ele – respondeu o velho sem se alterar. – Ele viu o que eu *ouvi*... Aquilo que talvez eu pudesse enxergar se tivesse a idade dele.

– Que absurdo! Eu não vejo e nem escuto coisa alguma.

O sr. Winburn sorriu, sem dizer nada. Um sorriso irônico e cansado.

– Que sentido pode haver numa coisa dessas? – insistiu a filha. – E por que você foi dizer a ele que poderia ajudar... ajudar esse, esse... Mas é impossível!

O velho lançou a ela um olhar pensativo.

– Por que impossível? Lembre-se das palavras:

Que lâmpada tem o Destino para guiar
Suas crianças que erram pela Escuridão?
*"A intuição dos cegos", responderam os Céus**

– É o que Geoffrey tem: conhecimento intuitivo, como todas as crianças. Nós o perdemos ao crescer. Nos afastamos da fonte. Algumas vezes, quando envelhecemos, recuperamos alguma coisa, mas a lâmpada já não brilha mais com a mesma intensidade da infância. É por isso que acho que Geoffrey pode ajudar.

– Sinceramente, eu não entendo – murmurou consigo mesma a sra. Lancaster.

– Eu também não entendo. Aquele... aquele menino está em apuros e precisa ser... libertado. Mas como? Não sei... São soluços tão agoniados, e de uma criança!

---

* Versão de Edward Fitzgerald para uma das estrofes de *Os Rubayat*, do poeta persa Omar Khayyam. (N.T.)

V

Um mês depois daquela conversa, Geoffrey adoeceu gravemente. O vento do leste soprava gelado, e ele não era uma criança forte. O médico sacudiu a cabeça, preocupado, e disse que se tratava de um caso difícil. Ao sr. Winburn, ele acabou confessando que não tinha muitas esperanças.

– A infecção que ele tem no pulmão não cede de jeito nenhum...

Foi ao cuidar de Geoff que a sra. Lancaster tomou conhecimento da outra criança. No início, os soluços eram indistinguíveis do vento. Aos poucos, eles se tornaram mais distintos, inconfundíveis. Até que chegou o momento em que ela os ouvia quando estava tudo calmo. Soluços de criança, repetitivos, de uma monotonia desesperadora.

O estado de saúde de Geoff piorou ainda mais. Nos momentos de delírio, ele falava o tempo todo do outro menino.

– Quero muito ajudá-lo a ir! – exclamava.

A fase seguinte foi de letargia. Imóvel na cama, ele mal respirava, afundado numa apatia completa. Não havia nada a fazer senão esperar. Veio então uma noite limpa e sem vento, em que tudo parecia parado.

A criança de repente se contraiu. Seus olhos se abriram e focaram diretamente na porta, ignorando a mãe. Ele tentou dizer alguma coisa. A mãe se inclinou a fim de captar as palavras sussurradas.

– Está bem, estou indo... – murmurou ele, afundando no leito.

Tomada de pânico, a sra. Lancaster atravessou o quarto na direção do pai. Em algum lugar perto deles, a outra criança estava rindo. Um riso alegre, satisfeito, ecoava triunfante pelo quarto. Um riso de timbre metálico.

– Estou com medo, estou com medo... – murmurou ela.

O pai passou o braço ao redor dos ombros da filha. Uma súbita rajada de vento fez com que os dois estremecessem. Mas a rajada pouco durou, e a atmosfera ficou calma como antes.

Não se ouvia mais o riso, e o que atraiu a atenção dos dois foi um ruído fraco, que de início mal podiam distinguir. O ruído foi aumentando até que puderam identificá-lo: passos, passos leves, que começavam a partir.

Tap-tap, tap-tap... lá iam eles, os passinhos vacilantes e bem conhecidos. E agora se misturava a eles o som de outros, mais rápidos e determinados.

Em comum acordo, correram até a porta.

Do outro lado, seguiam *juntos* os dois meninos: tap-tap, tap-tap.

A sra. Lancaster levantou o rosto, espantada.

– São dois! Dois!

Pálida, ela se voltou para a cama. O pai segurou-a, apontando para o outro lado.

– Lá – disse ele.

Tap-tap, tap-tap... cada vez mais fraco.

E então, silêncio.

O RECEPTOR DE RÁDIO

I

– Evite aborrecimentos e emoções fortes – disse o dr. Meynell, no tom reconfortante que os médicos costumam afetar.

Como acontece em muitos casos, tais palavras tranquilizadoras mas sem sentido deixaram a sra. Harter mais confusa do que satisfeita.

– Há uma certa fraqueza cardíaca – continuou o médico, sem perder a pose –, mas nada que deva alarmá-la, eu garanto. Ainda assim – acrescentou ele – talvez seja melhor instalar um elevadorzinho na casa. O que a senhora acha?

A sra. Harter não sabia o que dizer.

O dr. Meynell, ao contrário, parecia convencido. A razão pela qual preferia atender a pacientes ricos era que podia dar vazão à sua imaginação na hora de prescrever tratamentos para os males deles.

– Sim, um elevador – disse o dr. Meynell, que não conseguia pensar em nada mais apropriado. – Vai lhe poupar esforços desnecessários. Em dias agradáveis, a senhora pode fazer caminhadas, sempre no plano. Evite subidas e descidas. E o mais importante – disse ele, subitamente –: procure se distrair. Não fique matutando sobre o seu estado de saúde.

Com o sr. Charles Ridgeway, sobrinho da sra. Harter, o médico foi mais explícito:

– Não me entenda mal... Sua tia pode e provavelmente vai durar anos... Mas qualquer choque ou esforço exagerado pode levá-la num átimo – disse ele, estalando os dedos. – Ela tem de levar uma vida tranquila. Nada de exageros, nada de se cansar. Por outro lado, não é bom que fique trancada dentro de casa matutando e pensando em bobagens. Ela tem de se distrair.

– Distrair – repetiu Charles Ridgeway, pensativo.

Charles era um jovem atencioso, mas também alguém que sabia promover os próprios interesses sempre que possível.

Naquela noite, ele sugeriu a compra de um receptor de rádio.

A sra. Harter, já bastante incomodada com a perspectiva de ter de instalar um elevador na casa, acabou se irritando. Charles teve de vencer o mau humor da tia.

– As pessoas inventam essas coisas, mas qual a utilidade? – lamentou ela. – As ondas... as ondas elétricas, pode ser que me façam mal.

Charles assumiu um ar superior e argumentou que aquela hipótese era uma bobagem.

Mas a sra. Harter, que nada conhecia sobre o assunto, não mudou de opinião e permaneceu cética.

– Toda aquela eletricidade... – murmurou ela, pensativa. – Você pode dizer o que quiser, Charles, mas algumas pessoas são sensíveis à eletricidade. Antes de tempestades, eu sempre tenho enxaquecas terríveis – lembrou ela, sacudindo a cabeça em sinal de desaprovação.

Mas Charles era um jovem paciente. Ele também não se deu por vencido.

– Querida tia Mary – disse ele –, permita-me explicar-lhe uma coisa...

Ele entendia bastante do assunto e fez um discurso sobre os diferentes tipos de válvulas emissoras, alta e baixa frequência, amplificadores e condensadores.

A sra. Harter, afogada num mar de palavras que não conhecia, se rendeu.

– Bem, Charles... – murmurou ela. – Se você acha mesmo...

– Querida tia Mary... – disse Charles entusiasmado. – É exatamente aquilo de que a senhora precisa. Vai distraí-la, evitar que fique pensando em bobagens.

O elevador recomendado pelo dr. Meynell foi instalado alguns dias mais tarde e por pouco não significou a morte da sra. Harter. Como muitas mulheres da sua idade, ela tinha horror de ver pessoas estranhas circulando pela casa. Suspeitava que estivessem de olho na sua prataria.

Depois do elevador, chegou o rádio. A sra. Harter contemplou horrorizada a enorme caixa cheia de botões, que destoava da mobília.

Foi preciso todo o entusiasmo de Charles para reconciliá-la com aquele objeto repelente.

Ele aproximou-se do aparelho e, sem maiores dificuldades, colocou-o para funcionar.

Sentada na sua cadeira de espaldar alto, a sra. Harter continuou calada, convencida de que a novidade só lhe traria aborrecimentos.

– Preste atenção, tia Mary. Estamos captando um sinal de Berlim, não é esplêndido? A senhora está ouvindo?

– Não escuto nada a não ser uns estalidos e esse chiado irritante.

Charles continuava girando os botões.

– Bruxelas! – anunciou ele, entusiasmado.

– É mesmo? – retorquiu a sra. Harter, irônica.

Charles girou os botões mais uma vez e um uivo sobrenatural ecoou pela sala.

– E agora parece que você sintonizou o canil – disse a velha, que mesmo com toda a sua idade sabia ser espirituosa.

– Boa piada, tia Mary! Eu não disse que seria divertido?

A sra. Harter não pôde esconder o sorriso. Gostava muito de Charles. Por alguns anos, ela vivera na companhia de uma sobrinha, Miriam Harter. Faria da moça a sua herdeira, mas a convivência entre as duas foi desastrosa. Miriam era impaciente e incapaz de desenvolver um interesse legítimo pela tia. Estava sempre fora, "batendo perna por aí", como dizia a sra. Harter. E acabou por envolver-se com um jovem totalmente inadequado. Miriam foi enviada de volta aos cuidados da mãe, com uma breve nota indicando que fora aprovada pela tia. Ela casou com o rapaz em questão, e a sra. Harter costumava enviar-lhes todo ano, no Natal, uma caixa de lenços ou um enfeite de mesa.

Desapontada com as sobrinhas, a sra. Harter voltou sua atenção aos sobrinhos. A convivência com Charles fora um sucesso desde o início. Ele tinha respeito pela tia e ouvia com atenção as histórias que ela contava sobre quando era jovem. Nisso o rapaz era muito diferente de Miriam, que logo ficava enfadada com aquelas reminiscências e o dizia abertamente. Charles jamais se impacientava, era sempre educado, sempre alegre. Inúmeras vezes por dia ele repetia para a tia o quanto ela era adorável.

Satisfeita com a nova aquisição, a sra. Harter escreveu ao advogado, dando-lhe as orientações necessárias para que redigisse um novo testamento. O testamento foi enviado para ela, que o aprovou e assinou.

E agora, até mesmo com relação ao rádio, Charles obtinha uma nova vitória.

A sra. Harter, inicialmente avessa à ideia da instalação do aparelho, acabou por tolerá-lo e por fim deixou-se fascinar pela novidade. Quando Charles saía de casa, ela aproveitava o rádio ainda mais. O problema de Charles era que ele não podia deixá-lo quieto. A sra. Harter gostava de se sentar confortavelmente em sua cadeira para escutar um concerto sinfônico, ou uma conferência sobre Lucrécia Bórgia ou a vida no interior dos lagos. Não era bem o caso de Charles. No seu entusiasmo pelas estações estrangeiras, ele mandava pelos ares a beleza de qualquer transmissão, que acabava entrecortada por chiados dissonantes. Era quando Charles saía para jantar com amigos que a sra. Harter mais aproveitava o rádio. Ela apertava um ou dois botões, sentava na sua cadeira de espaldar alto e se distraía com o programa da noite.

Foi depois de três meses de o rádio ter sido instalado que começaram as primeiras manifestações. Charles estava fora, jogando bridge.

O programa daquela noite era um recital de baladas. Uma soprano bem conhecida estava cantando uma velha canção escocesa e, no meio dela, algo estranho aconteceu. A música de repente foi interrompida por um chiado e estalos, que continuaram por um período e depois cessaram. Houve um silêncio completo, e então um zumbido baixinho foi ouvido.

Sem saber exatamente por que, a sra. Harter teve a impressão de que o aparelho sintonizava algo muito distante, e então ouviu-se clara e distintamente a voz de um homem, com sotaque irlandês.

– Mary... você está me escutando? Aqui é o Patrick... Não vou demorar muito para chegar. Você vai estar pronta, não?

Então, quase que instantaneamente, a canção escocesa voltou a ecoar pela sala. A sra. Harter sentava-se rígida, com ambas as mãos agarradas aos braços da cadeira. Estivera sonhando? Patrick! A voz de Patrick! Naquela sala, falando com ela. Não, só podia ter sido um sonho. Uma alucinação, talvez. Ela devia ter cochilado por um minuto ou dois. Que coisa mais curiosa... dormir e ouvir a voz do marido morto, como que pairando no ar acima da sua cabeça. O que é que ele tinha dito? *Não vou demorar muito para chegar. Você vai estar pronta, não?*

Uma premonição, quem sabe? Fraqueza cardíaca. Ela estava mesmo ficando velha.

– É um aviso, só pode ser – murmurou a sra. Harter para si mesma.

Levantando-se com dificuldade da cadeira, ela não pôde deixar de acrescentar:

– E todo o dinheiro gasto com o elevador. Que desperdício!

Ela não contou nada da sua experiência para ninguém, mas por um dia ou dois ficou preocupada.

E então aconteceu uma segunda vez. Novamente, ela estava sozinha na sala. O rádio transmitia um concerto sinfônico que foi interrompido como antes. De novo o silêncio, a sensação de contatar algo distante e a voz de Patrick, diferente de como ela soava em vida, rarefeita, longínqua, com algo de sobrenatural.

– Aqui é o Patrick, Mary. Vou buscá-la muito em breve...

Depois disso um estalo, um chiado, e a orquestra ecoava pela sala novamente.

A sra. Harter deu uma olhada no relógio. Não, ela não cochilara. Acordada, em pleno uso das suas faculdades, ela tinha ouvido a voz de Patrick. Estava certa de que não era nenhuma alucinação. Confusa, ela tentou se lembrar de tudo aquilo que Charles lhe explicara sobre a teoria das ondas.

Seria possível que Patrick tivesse mesmo falado com ela? Que sua voz flutuasse através do espaço? Havia comprimentos de onda que se perdiam, ou algo do gênero. Charles falara de brechas nas escalas. Talvez as ondas que se perdessem explicassem os chamados fenômenos paranormais. Sim, por que não? Patrick falara com ela. Ele se valia da ciência moderna para alertá-la sobre o que iria ocorrer.

A sra. Harter tocou a campainha para chamar a criada, Elizabeth.

Elizabeth era uma mulher alta e macilenta, de cerca de sessenta anos de idade. Por trás daquela figura aparentemente inflexível escondia-se uma profunda afeição pela patroa.

– Elizabeth – disse a sra. Harter quando a empregada apareceu –, você se lembra do que lhe falei? A gaveta mais alta, à esquerda, na minha escrivaninha. Está trancada com aquela chave longa, com a etiqueta branca. Já está tudo pronto e arrumado naquela gaveta.

– Pronto e arrumado, senhora?

– Para o meu enterro – resmungou a sra. Harter. – Você sabe muito bem do que estou falando, Elizabeth. Você mesma me ajudou a guardar tudo lá.

O rosto de Elizabeth começou a se contrair de forma estranha.

– Oh, por favor! Não fique pensando em bobagem... A senhora parecia tão bem nos últimos dias!

– Mais cedo ou mais tarde, todos temos de ir – disse a sra. Harter, fazendo valer o seu senso prático. – Já tenho mais de setenta, Elizabeth. E não se faça de boba, por favor. Vá chorar em outro lugar.

Elizabeth saiu da sala fungando.

A sra. Harter acompanhou-a com os olhos e murmurou consigo mesma:

– Que velha mais boba... Mas a verdade é que ela me adora. Adora. Quanto é que estou deixando para ela? Cem, cinquenta libras? Já faz tanto tempo que ela está comigo...

A dúvida não lhe saiu da cabeça, e no dia seguinte ela escreveu ao advogado pedindo que enviasse o testamento para ela dar uma olhada. Foi no mesmo dia em que Charles fez um comentário que a espantou.

– E quem é aquele sujeito estranho no quarto de hóspedes? Me refiro ao quadro na parede, em cima da lareira. Um sujeito de suíças e um chapéu de castor.

A sra. Harter lançou a ele um olhar severo.

– É o seu tio Patrick quando jovem – disse ela.

– Ah, desculpe, tia Mary. Eu não falei de propósito, eu não sabia...

Inclinando levemente a cabeça, a sra. Harter aceitou o pedido de desculpas.

Sem saber como continuar a conversa, Charles arriscou:

– É que eu estava pensando...

Ele se interrompeu, hesitante, e a sra. Harter interveio, resoluta:

– Desembuche, meu rapaz. O que você ia dizer?

– Nada – falou ele. – Nada que faça muito sentido, ao menos...

A sra. Harter achou melhor não insistir naquele momento. Mais tarde durante o dia, quando estavam sozinhos, ela voltou ao assunto.

– Eu gostaria de saber, Charles... de onde veio esse interesse pelo retrato do seu tio?

Charles pareceu constrangido.

– Mas eu lhe disse, tia Mary. Foi uma bobagem que me passou pela cabeça, mais nada.

– Charles – disse a sra. Harter, num tom autoritário –, eu insisto em saber...

– Bem, se a senhora faz mesmo questão... Ontem à noite, quando chegava em casa, pensei tê-lo visto... o homem que está no retrato, quero dizer, olhando para fora, pela janela, a mais afastada. Algum efeito da luz, imagino. Fiquei imaginando quem pudesse ser. Um rosto... tão vitoriano, se a senhora me entende! Mas aí Elizabeth me disse que não havia ninguém na casa. Mais tarde, acabei passando pelo quarto de hóspedes e vi o retrato na parede, em cima da lareira. Era o sujeito que eu tinha visto, sem sombra de dúvida! Mas isso é fácil de explicar. Alguma coisa do meu subconsciente. Eu já tinha visto o quadro e a imagem ficou impressa na minha mente, sem que eu desse a ela atenção. Depois, sem me dar conta, eu a projetei na janela.

– A janela mais afastada, você disse? – perguntou a sra. Harter.

– Sim, por quê?

– Por nada – murmurou a sra. Harter.

Mas ela estremeceu. Aquele era o quarto usado pelo marido para se vestir.

Naquela mesma noite, Charles saiu novamente. Ansiosa, a sra. Harter sentou-se para ouvir o rádio. Se ela ouvisse, pela terceira vez, a voz misteriosa, seria uma prova definitiva de que estava mesmo em contato com o outro mundo.

Apesar de seu coração bater mais rápido, ela não se surpreendeu ao ouvir a transmissão ser interrompida da mesma maneira e, depois do breve momento de silêncio, a voz fraca e distante, com o sotaque irlandês.

– Mary, agora você está preparada. Vou buscá-la na sexta... Sexta, às nove e meia... Não tenha medo, não vai doer nada... Esteja pronta...

E então, quase que interrompendo a última frase, a música de orquestra voltou a retumbar violenta pela sala.

A sra. Harter permaneceu tensa por um minuto ou dois, sentada imóvel na cadeira. O rosto muito pálido, os lábios repuxados.

De repente, ela se levantou e foi até a escrivaninha. Com a mão meio trêmula, escreveu as seguintes frases:

> *Esta noite, às 21h15, ouvi distintamente a voz do meu falecido marido. Ele disse que viria me buscar sexta-feira, às 21h30. Caso eu venha a morrer nesse*

dia e nessa hora, gostaria que esses fatos se tornassem conhecidos do público, como prova da possibilidade de comunicação com o mundo espiritual.

Mary Harter

A sra. Harter releu o que havia escrito, depois colocou a mensagem num envelope em que escreveu o nome e o endereço do destinatário. Em seguida ela tocou a campainha, e Elizabeth logo apareceu. A sra. Harter levantou-se da escrivaninha e entregou o envelope à velha criada.

– Elizabeth – disse ela –, caso eu venha a falecer na sexta-feira à noite, gostaria que este envelope fosse entregue ao dr. Meynell.

Diante da sugestão aparentemente absurda, Elizabeth fez menção de protestar, mas a sra. Harter foi mais rápida:

– Não, não. Não quero discutir sobre isso. Você já comentou diversas vezes comigo que acredita em premonições. Pois muito bem. Eu agora tive uma premonição. E mais uma coisa: em meu testamento, deixei para você uma quantia de cinquenta libras. Gostaria de deixar-lhe cem. Se eu mesma não conseguir ir ao banco, o sr. Charles deve se encarregar disso.

Os protestos chorosos da criada foram mais uma vez ignorados. Logo na manhã seguinte, a sra. Harter falou com o sobrinho:

– Lembre-se, Charles... se alguma coisa acontecer comigo, quero que Elizabeth receba cinquenta libras a mais do que deixei para ela no testamento.

– Mas como a senhora anda melancólica nesses últimos dias... – observou Charles. – O que poderia lhe acontecer? De acordo com o dr. Meynell, em cerca de vinte anos estaremos celebrando o seu centésimo aniversário!

A sra. Harter sorriu afetuosamente para o sobrinho, sem dizer nada. Depois de um minuto ou dois, ela perguntou:

– Quais são os seus planos para a sexta-feira à noite, Charles?

A pergunta o surpreendeu.

– Para falar a verdade, os Ewing me convidaram para jogar bridge. Mas, se a senhora prefere, eu fico em casa...

– Não – declarou, enérgica, a sra. Harter. – Certamente que não, Charles. É uma noite em que vou preferir estar sozinha.

O sobrinho olhou para ela desconfiado, mas não foi capaz de obter da tia mais nenhuma informação. Ela era uma velha corajosa e determinada, e sentia que devia enfrentar sozinha aquela estranha situação.

Na sexta-feira à noite, a casa estava em silêncio. Como de costume, a sra. Harter sentou-se na sua cadeira de espaldar alto, depois de aproximá-la da lareira. Estava tudo preparado. Pela manhã, ela fora ao banco e sacara as cinquenta libras em dinheiro que entregara pessoalmente a Elizabeth, apesar dos protestos chorosos da criada. Depois, organizara todas as suas coisas e etiquetara algumas das suas joias com os nomes de amigos ou parentes. Por fim, escrevera a Charles um bilhete com algumas instruções. O jogo de chá Worcester iria para a sua prima Emma. As jarras de Sèvres, para o jovem William etc.

Naquele momento, ela tinha em mãos um envelope comprido, do qual tirou um documento dobrado. Aquele era o seu testamento, que havia sido enviado pelo sr. Hopkinson, a pedido dela. Ela já o lera com atenção, e agora o consultava apenas para refrescar a memória. Era um documento pequeno, resumido. Deixava cinquenta libras para Elizabeth Marshall, em consideração à sua fidelidade e serviços. A irmã e uma prima de primeiro grau receberiam ambas quinhentas libras. O restante da herança iria para o seu querido sobrinho, Charles Ridgeway.

A sra. Harter balançou a cabeça em sinal de satisfação. Charles seria muito rico depois da morte dela. Nada mais justo, visto que se portara com a tia da melhor forma possível. Sempre gentil, sempre atencioso, sempre pronto a alegrá-la com algum comentário espirituoso.

O relógio marcava 20h27. Ela estava pronta. E estava tranquila, muito tranquila. Porém, repetia essas últimas palavras para si mesma inúmeras vezes. Seu coração batia estranhamente descompassado. E os nervos, sem que ela percebesse, estavam tensos a ponto de se romperem.

Nove e meia. O rádio estava ligado. O que ela ouviria? A voz usual do locutor anunciando a previsão do tempo ou aquela outra voz distante, pertencente a um homem que havia falecido 25 anos antes?

Mas ela não ouviu nenhuma das duas. O que ela ouviu foi um ruído familiar, muito familiar, mas que naquela noite fez com que ela sentisse o seu coração congelar. Alguém mexia na porta.

Outra vez. E então foi como se uma rajada gelada de vento invadisse a sala. A sra. Harter não tinha mais nenhuma dúvida sobre o que acontecia. Estava com medo... Mais do que isso: estava apavorada.

Um pensamento se impunha a ela: “Vinte e cinco anos é muito tempo. Patrick agora é um estranho para mim”.

Pânico! Era isso que tomava conta dela.

Passos do lado de fora da porta. Passos que hesitavam. E então a porta se abriu, silenciosamente...

A sra. Harter levantou, cambaleante. Olhava para a porta e deixou cair o que tinha nas mãos.

Um grito sucumbiu em sua garganta. Na obscuridade do vão de entrada, estava uma figura familiar, de barba e suíças castanhas, vestindo um casaco fora de moda, em estilo vitoriano.

Patrick viera buscá-la!

Seu coração deu um último pulo, depois se imobilizou, aterrorizado, e ela caiu encolhida no chão.

II

Foi lá que Elizabeth a encontrou, uma hora depois.

O dr. Meynell foi imediatamente chamado, e Charles Ridgeway retornou às pressas do jogo de bridge. Mas nada podia ser feito.

Só dois dias depois Elizabeth se lembrou do bilhete que lhe fora entregue pela patroa. O dr. Meynell leu-o com grande interesse e mostrou-o a Charles Ridgeway.

– Uma coincidência curiosa – disse ele. – Sem dúvida, sua tia estava tendo alucinações com a voz do marido morto. Essas experiências devem tê-la deixado tão abalada que, quando chegou a hora, ela não suportou o choque.

– Autossugestão? – perguntou Charles.

– Alguma coisa nesse sentido. Eu lhe aviso assim que souber do resultado da autópsia, mas não creio que ela nos traga nenhuma surpresa.

Num caso como aquele, era conveniente pedir uma autópsia.

Charles concordou com a cabeça.

Na noite anterior, quando os empregados dormiam, ele removera um fio que saía detrás do aparelho de rádio e ia até o seu quarto, no andar de cima. Além disso, como era uma noite fria, ele pedira a Elizabeth que acendesse a lareira do seu quarto. Nela, ele queimou uma barba e suíças castanhas. No baú que cheirava a cânfora, no sótão, ele guardou algumas roupas de estilo vitoriano que pertenciam ao falecido tio.

Aparentemente, ele não corria nenhum risco. O plano, que se revelou um sucesso, lhe ocorrera pela primeira vez quando o dr. Meynell lhe dissera que a tia poderia ainda durar muitos anos, caso se cuidasse. Qualquer choque ou esforço exagerado... A ideia fora o suficiente para fazer o jovem rir consigo mesmo. Ele, que era tão atencioso, o sobrinho preferido da tia.

Quando o médico foi embora, Charles voltou a tratar das suas obrigações. Nem tudo estava pronto para o funeral. Era preciso providenciar passagens de trem para o retorno de parentes vindos de longe. Alguns deles passariam a noite na casa. Charles cuidou pessoalmente de todos esses detalhes.

Ele não conseguia parar de pensar: *mas que golpe de sorte*! Tiravam-lhe um peso dos ombros. Ninguém, e muito menos o seu tio morto, tinha conhecimento das dificuldades por que Charles estava passando. Ele corria o risco até mesmo de ser preso por causa dos negócios escusos em que se envolvera.

A menos que conseguisse levantar uma quantia considerável de dinheiro no espaço de poucos meses seria levado à ruína completa. Bem, mas agora ele estava salvo. Charles sorriu consigo mesmo. Aquela *brincadeirinha* o salvara. Era um homem rico. Nunca duvidara de que um dia o seria. A sra. Harter não escondia as suas intenções.

Como se estivesse em sintonia com aqueles pensamentos, Elizabeth apareceu na porta para informar-lhe de que o sr. Hopkinson havia chegado e gostaria de falar com ele.

Já era tempo, refletiu Charles. Reprimindo a vontade que tinha de assobiar, ele assumiu uma expressão consternada, condizente com o momento da morte da tia, e se dirigiu à biblioteca. Chegando lá, cumprimentou o velho advogado que por mais de 25 anos desempenhara o papel de conselheiro da sra. Harter em matérias jurídicas.

O advogado sentou-se, a pedido de Charles, e depois de uma tossidinha seca deu início à conversa.

– Confesso que não entendi muito bem a sua carta, sr. Ridgeway. O senhor dá a entender que o testamento da sra. Harter estaria conosco?

Charles arregalou os olhos para ele.

– Mas é claro. Foi o que minha tia disse.

– Oh! Sim, sim, sem dúvida. Ele *estava* mesmo conosco...

– *Estava*?

– É o que eu dizia... A sra. Harter escreveu pedindo que enviássemos o testamento para ela na última terça-feira.

Um mal-estar tomou conta de Charles. Ele teve um pressentimento desagradável.

– Devem encontrá-lo junto com os outros documentos que ela deixou – continuou o advogado, calmamente.

Charles permaneceu em silêncio. Ele tinha medo de se trair. Já revirara os documentos deixados pela sra. Harter, e o testamento certamente não estava entre eles. Foi o que ele disse ao advogado dali a um ou dois minutos, depois de recuperar o autocontrole. Mas sentiu um arrepio na espinha ao ouvir a própria voz. Ela parecia tão irreal.

– Alguém já examinou os pertences dela? – perguntou o advogado.

Charles respondeu que Elizabeth, a criada da tia, os examinara. O sr. Hopkinson sugeriu que a chamassem. No minuto seguinte ela apareceu, empertigada, e respondeu a todas as perguntas que lhe fizeram, sem alterar a expressão severa do rosto.

Ela examinara todas as roupas e os objetos de uso pessoal da patroa. Estava certa de que nem o testamento nem nenhum outro documento parecido estava entre eles. Ela conhecia o testamento, pois a patroa o tinha em mãos na manhã do mesmo dia em que morrera.

– Você tem certeza disso? – insistiu o advogado.

– Sim, senhor. Ela me mostrou o testamento e fez com que eu aceitasse cinquenta libras em dinheiro. O testamento estava num envelope comprido, azul.

– Muito bem – disse o sr. Hopkinson, satisfeito.

– Mas agora me lembrei de uma coisa – continuou Elizabeth. – Acho que o mesmo envelope azul estava em cima dessa mesa na manhã seguinte, mas vazio. Coloquei-o na escrivaninha.

– Me lembro de tê-lo visto lá – disse Charles.

Ele se levantou e foi até a escrivaninha. Em um minuto encontrou o envelope e o entregou ao sr. Hopkinson. O advogado moveu a cabeça afirmativamente.

– Este foi o envelope no qual despachei o testamento na última terça-feira.

Os dois olharam para Elizabeth.

– Posso ser útil em mais alguma coisa? – perguntou ela, por educação.

– No momento não, obrigado.

Elizabeth saiu em direção à porta, mas o advogado voltou a chamá-la:

– Um minuto – disse ele. – Havia fogo na lareira naquela noite?

– Sim, senhor. Sempre a acendemos.

– Obrigado. Pode ir.

Elizabeth saiu. Charles inclinou-se para frente, apoiando a mão trêmula sobre a mesa.

– O que o senhor imagina que aconteceu?

O sr. Hopkinson balançou a cabeça.

– É possível que o testamento ainda apareça. Caso contrário...

– Caso contrário?

– Só podemos concluir uma coisa. A sua tia pediu que enviássemos o testamento a ela a fim de destruí-lo. Como ela não queria que Elizabeth ficasse no prejuízo, deu-lhe a parte dela em dinheiro.

– Mas por quê? – exclamou Charles fora de si. – Por quê?

O sr. Hopkinson tossiu. Uma tosse seca.

– O senhor não teve... hum... nenhum desentendimento recente com a sua tia, sr. Ridgeway? – murmurou ele.

Charles bufou.

– É claro que não. Sempre nos demos muito bem. Éramos muito próximos.

– Ah! – suspirou o sr. Hopkinson, sem encará-lo.

Foi um choque para Charles perceber que o advogado não acreditava nele. O que esse velho miserável sabia? É possível que algum rumor a respeito dos negócios escusos de Charles tivesse chegado até ele. E o advogado agora supunha que o mesmo rumor tivesse chegado aos ouvidos da tia, e que por isso os dois tinham brigado?

Mas não houvera nenhuma briga! Para Charles, aquele era um momento difícil. Ninguém colocara em dúvida as suas mentiras, mas quando falava a verdade nem por isso acreditavam nele. Que ironia!

É claro que a tia não queimara o testamento! É claro...

Foi então que ele lembrou. Diante dos olhos viu a imagem da velha senhora, com uma das mãos apertada contra o peito... algo escapando da outra... um papel... caindo nas brasas...

O rosto de Charles estava lívido. Ele ouviu a própria voz, rouca, perguntar:

– E se não encontrarem o testamento?

– Temos o testamento anterior, de setembro de 1920. Nele, a sra. Harter deixa tudo para a sobrinha, Miriam Harter, agora Miriam Robinson.

O que é que esse paspalhão está dizendo? Miriam? Casada com aquele sujeitinho ordinário, mãe de quatro fedelhos insuportáveis? E então ele bolara todo aquele plano para que ela ficasse com tudo?

O telefone tocou estridente ao seu lado. Ele levantou o fone do gancho. Era a voz do médico.

– É você, Ridgeway? Achei que fosse gostar de saber. A autópsia foi concluída. A causa da morte é exatamente aquela que eu supunha. Mas na verdade o problema cardíaco da sua tia era muito mais sério do que eu suspeitava. Por mais que ela se cuidasse, seria difícil que vivesse mais do que dois meses. Pensei que isso pudesse lhe servir de consolo.

– Como? – disse Charles, atônito. – O senhor poderia repetir? Não estou ouvindo direito...

– De qualquer forma, ela não viveria mais do que dois meses – disse o médico, num tom mais alto. – As coisas sempre acabam se resolvendo da melhor forma...

Mas Charles já tinha batido o fone no gancho. A voz do advogado parecia vir de muito longe:

– Meu Deus... O senhor está bem?

Que fossem todos para o inferno! O almofadinha daquele advogado, o intrometido do médico. Para ele, Charles, nenhuma esperança. Talvez a sombra de uma prisão...

Era como se alguém estivesse brincando com ele. Uma brincadeira de gato e rato. Alguém devia estar rindo...

Testemunha da acusação

I

O sr. Mayherne ajeitou o pincenê e limpou a garganta com a tossezinha seca de sempre. Então ele olhou novamente para o homem à sua frente, o homem acusado de homicídio premeditado.

O sr. Mayherne era um homem pequeno, de gestos controlados, que se vestia de modo elegante, para não dizer afetado, e tinha um par de olhos cinzentos muito vivos e penetrantes. Estava longe de ser bobo. De fato, sua reputação como advogado era excelente. Quando falava com um cliente costumava ser seco, sem com isso parecer antipático.

– Devo enfatizar, mais uma vez, a gravidade do seu caso. É preciso que me conte tudo.

Leonard Vole, que até então estivera com os olhos cravados na parede branca à sua frente, olhou para o advogado.

– Eu já sei – disse ele, desanimado. – O senhor não para de repetir isso. Mas ainda não consegui entender como é que estou sendo acusado de homicídio. *Homicídio*! Um crime tão covarde...

O sr. Mayherne era um homem prático, avesso a sentimentalismos. Ele tossiu mais uma vez, tirou o pincenê, limpou-o com todo o cuidado e colocou-o de volta sobre o nariz. Depois disso, ele disse:

– Muito bem, sr. Vole. Vamos fazer o possível para tirá-lo dessa enrascada... e devemos conseguir. Devemos conseguir! Mas é preciso que eu esteja a par de todos os fatos. Tenho de saber que riscos estamos correndo. Só depois disso é possível estabelecer uma linha de defesa.

O jovem continuava a lançar a ele o mesmo olhar atônito e desesperançado. Até então, o sr. Mayherne tivera certeza da culpa do prisioneiro. O caso não deixava dúvidas. Mas agora até ele começava a fraquejar.

– O senhor acha que sou culpado – disse Leonard Vole, em voz baixa. – Mas juro por Deus que não sou! Sei que todos os indícios apontam para mim. É como se tivessem me apanhado numa rede. As malhas da rede me prendem, e por mais que me mexa não consigo me soltar. Mas não fui eu, sr. Mayherne, não fui eu!

Era de se esperar que ele alegasse inocência. Mayherne sabia disso. Ainda assim, estava impressionado. Podia ser mesmo que Leonard Vole fosse inocente.

– Está bem, sr. Vole – disse ele, solene. – Absolutamente tudo leva a crer que seja culpado, mas vou dar-lhe um voto de confiança. Agora, é importante refletirmos sobre os fatos. Quero que me conte, com suas próprias palavras, exatamente como conheceu a srta. Emily French.

– Foi por acaso, na Oxford Street. Vi uma senhora de idade atravessando a rua. Ela carregava um monte de pacotes. Ao chegar no meio da rua, derrubou-os e tentou juntá-los, e quase foi atropelada por um ônibus. Ela acabou dando um jeito de voltar para a calçada, tonta e assustada com as pessoas gritando nos seus ouvidos. Recuperei os pacotes, limpei-os o melhor que pude, reamarrei a alça de um deles e entreguei-os de volta a ela.

– Então foi como se lhe salvasse a vida?

– Ah, não! Fiz apenas uma gentileza. Ela ficou muito impressionada, me agradeceu efusivamente. Disse algo sobre eu ser diferente da maioria dos jovens de hoje. Não me lembro muito bem das palavras que ela usou. Despedi-me levantando o chapéu e fui embora. Nunca imaginei encontrá-la de novo. Mas a vida é cheia de coincidências. Naquela mesma noite, acabei vendo-a na casa de um amigo, durante uma festa. Ela me reconheceu imediatamente e pediu que fôssemos apresentados. Descobri então que se chamava Emily French e vivia em Cricklewood. Conversamos por um tempo. A impressão que ela me passou foi a de ser uma dessas senhoras de idade que se impressionam facilmente com as pessoas. Dava uma importância exagerada ao que eu tinha feito. Agi por educação. Ao ir embora, ela fez questão de se despedir de mim e me convidou para visitá-la. Respondi que seria um prazer, é claro, e ela então pediu-me para escolher um dia durante a semana. Eu não queria ir, mas teria sido uma grosseria não dizer nada. Por isso, acabei sugerindo o sábado. Depois que ela saiu, meus amigos me contaram mais coisas sobre ela. Uma senhora rica e excêntrica, que vivia com uma empregada e nada menos do que oito gatos.

– Entendo – disse o sr. Mayherne. – Então foi naquela mesma noite que tomou conhecimento da fortuna dela?

– Eu não perguntei nada a respeito – protestou Leonard Vole.

O sr. Mayherne fez um gesto a fim de que ele se acalmasse.

– Tenho de examinar o caso sob a perspectiva daqueles que vão acusá-lo. A srta. French não parece uma mulher rica. Ela vive de forma simples, até mesmo humilde. Qualquer um pensaria que ela passava por dificuldades financeiras, a não ser que lhe dissessem o contrário. Quem foi que lhe contou que ela era uma mulher rica?

– Meu amigo, George Harvey, o dono da casa onde davam a festa.

– E ele deve se lembrar de ter lhe passado essa informação?

– Não sei. Isso já faz um tempo.

– Certamente, sr. Vole. Veja bem, o primeiro passo da acusação vai ser focar nas suas dificuldades financeiras. A sua situação financeira não era boa, era?

Leonard Vole ficou vermelho.

– É verdade – disse ele, em voz baixa. – Tenho dado muito azar nos últimos tempos.

– Certamente – repetiu o sr. Mayherne. – E, como eu dizia, estando em dificuldades financeiras, veio a conhecer essa mulher rica e fez de tudo para se tornar amigo dela. Se pudéssemos defender a ideia de que não sabia que ela era rica e que a visitou apenas por educação...

– Mas foi isso mesmo o que aconteceu.

– Suponho que sim. Não duvido disso. Estou examinando o caso sob o ponto de vista da acusação. Muita coisa vai depender da memória do sr. Harvey. Será que ele vai se lembrar da conversa? Poderíamos sugerir a ele que ela aconteceu mais tarde...

Leonard Vole refletiu por um momento, depois disse, pálido, mas com firmeza:

– Não acredito que essa seja uma boa estratégia, sr. Mayherne. Muitas das pessoas que estavam presentes ouviram o comentário que ele fez. Fizeram até piada com o fato de eu ter conquistado a velhinha rica.

O advogado tentou disfarçar o seu desapontamento, fazendo um gesto amplo com a mão.

– Que pena – disse ele. – Mas eu o parabenizo pela sua sinceridade, sr. Vole. Conto com o seu discernimento. A sua objeção foi totalmente procedente. Seria um desastre se adotássemos a estratégia sugerida por mim. Vamos deixá-la de lado. O senhor conheceu a srta. French, foi visitá-la e tornaram-se amigos. Precisamos de uma justificativa para tudo isso. Por que um jovem de 33 anos, bonito, praticante de esportes e cheio de amigos iria passar tanto tempo com uma senhora de idade com quem tem tão pouco em comum?

Leonard Vole lançou os braços para o alto em sinal de que não tinha uma resposta.

– Eu não sei. Eu realmente não sei. Depois da primeira visita, ela insistiu para que eu voltasse. Disse que era muito sozinha e infeliz. Foi difícil recusar. Ela me tratou tão bem, demonstrou tanta afeição por mim que fiquei constrangido. Veja bem, sr. Mayherne... tenho uma natureza fraca. Eu me deixo levar. Não sei dizer "não". O senhor pode duvidar se quiser, mas a verdade é que depois da terceira ou quarta visita comecei a simpatizar com a velha. Minha mãe morreu quando eu era jovem e fui criado por uma tia, que também morreu antes de eu completar quinze anos. Talvez isso o faça rir, mas gosto de ser paparicado.

O sr. Mayherne não riu. Em vez disso, tirou e poliu o pincenê. Sinal de que refletia.

– Aceito a sua explicação, sr. Vole – disse ele, por fim. – Faz sentido, psicologicamente falando. Mas a opinião do júri pode ser outra. Por favor, prossiga. Quando foi que a srta. French lhe pediu para dar uma olhada nos negócios dela?

– Depois da terceira ou quarta visita. Ela não sabia quase nada de finanças e estava preocupada com alguns investimentos que fizera.

O sr. Mayherne olhou firme nos olhos dele.

– Vamos com calma, sr. Vole. A criada, Janet Mackenzie, afirma que a patroa tinha um conhecimento bastante razoável de finanças e que cuidava pessoalmente dos seus negócios. Os depoimentos dos gerentes de banco confirmam esse ponto.

– O que eu posso fazer? – perguntou ele, muito sério. – Foi o que ela me disse...

O sr. Mayherne contemplou-o em silêncio. Não disse nada, mas agora estava mais convencido da inocência de Leonard Vole. A mentalidade de muitas mulheres de idade era mesmo aquela. A srta. French se apaixonara pelo jovem e inventava pretextos para que ele a visitasse. Por isso alegou não ter conhecimento de finanças e pediu a ele que a ajudasse. Essa era também uma forma de lisonjeá-lo. A srta. French estava longe de ser ingênua. Ao dar a impressão de que reconhecia a superioridade do jovem, ela o seduzia. Ela também não teria por que esconder dele a sua fortuna. Era uma mulher forte e decidida, disposta a pagar o que fosse preciso por aquilo que queria. Todas essas ideias passaram rapidamente pela cabeça do sr. Mayherne, que nada disse sobre elas e fez uma outra pergunta:

– E o senhor atendeu o pedido dela? Ajudou-a com os negócios?

– Sim.

– Sr. Vole – disse o advogado –, vou fazer uma pergunta muito séria e é fundamental que me responda com a verdade. O senhor passava por dificuldades financeiras. E estava tomando conta dos negócios de uma velha senhora que, segundo ela mesma alegava, não entendia nada de finanças. Em nenhum momento o senhor se apossou do lucro das ações que estava negociando? Não fez nenhuma transação que pudesse passar desapercebida em benefício próprio?

O outro ia responder, mas ele não deixou:

– Espere um momento antes de responder. Podemos seguir dois caminhos diferentes. Podemos enfatizar a sua honestidade e a probidade com que cuidou dos negócios dela, mostrando que não havia necessidade de cometer um assassinato porque havia meios infinitamente mais fáceis de obter o dinheiro. Mas se a acusação vier a saber de algum desvio cometido, se puderem provar que o senhor, falando francamente, enganou a velha, então a saída será dizer que não havia motivo para assassinato, uma vez que ela viva já era uma boa fonte de renda. Acho que a diferença é óbvia. Portanto, gostaria que pensasse um pouco antes de responder.

Mas a resposta de Leonard Vole foi imediata:

– Lidei com os negócios da srta. French de forma totalmente honesta. Nunca cometi qualquer irregularidade. Pelo contrário, agi sempre no interesse dela, que favoreci como pude. Qualquer pessoa que investigue os fatos vai comprovar o que estou dizendo.

– Bem, eu lhe agradeço – disse o sr. Mayherne. – O senhor tirou um peso da minha consciência. Seria uma tolice tentar mentir para mim num caso de tamanha gravidade, e eu o cumprimento por sua honestidade e inteligência.

– É claro – disse Vole, sem demora –, o ponto mais forte a meu favor é a ausência de um motivo. Digamos que eu viesse cultivando uma amizade com essa senhora com o objetivo de obter vantagens financeiras... Essa é, se entendi bem, a sua teoria. Bem, nesse caso, com a morte dela, minhas expectativas seriam frustradas, não?

O advogado olhou firme nos olhos dele. Depois tirou o pincenê, reproduzindo de forma deliberada aquele gesto que costumava repetir inconscientemente. Só depois de ajeitá-lo de volta sobre o nariz é que voltou a falar:

– Sr. Vole... por acaso não sabe que, no testamento, ela lhe deixou toda a fortuna?

– O quê? – perguntou o prisioneiro, levantando-se de um pulo.

Ele estava obviamente consternado, e não era fingimento.

– Meu Deus! O que o senhor está dizendo? Então ela deixou o dinheiro para mim?

O sr. Mayherne fez que sim com a cabeça. Vole voltou a afundar-se na cadeira, cobrindo o rosto com ambas as mãos.

– Quer dizer que nada sabia sobre o testamento?

– Mas é claro que não!

– Essa não é a opinião da criada, Janet Mackenzie. Ela afirmou taxativamente que a patroa o teria consultado com relação a esse assunto. A srta. French teria revelado as suas intenções ao senhor.

– Como? Mas ela está mentindo! Espere um pouco... Janet é meio caduca. Ela era mais fiel à patroa do que um cão de guarda. E não simpatizava comigo. Era ciumenta e desconfiada. Eu diria que a srta. French confessou suas intenções à criada e que Janet não entendeu direito alguma coisa que a patroa disse. Ela deve ter se convencido de que tive alguma influência sobre a decisão da srta. French. E agora ela acredita que foi a própria patroa quem lhe disse isso.

– A raiva e o ciúme não seriam o suficiente para fazê-la mentir de forma deliberada?

Leonard Vole parecia chocado.

– Não, não! Por que ela faria uma coisa dessas?

– Eu não sei – declarou o sr. Mayherne, pensativo. – Mas ela realmente não gosta do senhor.

O jovem grunhia em desespero.

– Agora estou entendendo – murmurou ele. – É aterrador. Vão dizer que eu a influenciei, que a fiz escrever um testamento deixando tudo para mim. E depois que fui lá, naquela noite, quando não havia mais ninguém na casa... E no dia seguinte encontraram o corpo! Meu Deus, é horrível!

– Está enganado quanto a não haver mais ninguém na casa – disse o sr. Mayherne. – Conforme deve se lembrar, era a folga de Janet. Ela saiu, mas retornou mais ou menos às nove e meia para pegar um molde de costura que havia prometido a uma amiga. Entrou pela porta dos fundos, subiu as escadas, apanhou-o e saiu novamente. Ela ouviu vozes na sala de estar, não foi capaz de identificar o que diziam, mas é capaz de jurar que eram da srta. French e de um homem.

– Às nove e meia – repetiu Leonard Vole –, às nove e meia...

De repente ele se levantou:

– Estou salvo! Estou salvo!

– Como assim, salvo? – exclamou o sr. Mayherne, surpreso.

– Às nove e meia eu já tinha voltado para casa. Minha mulher pode provar isso. Faltavam ainda cinco minutos para as nove quando saí da casa da srta. French. Cheguei em casa às 21h20. Minha mulher estava me esperando. Oh! Graças a Deus, graças a Deus! Abençoado seja o molde de costura de Janet Mackenzie.

Exaltado como estava, não chegou a reparar que o semblante do advogado mal se alterara. Mas a pergunta feita a seguir fez com que voltasse a si:

– Quem então, na sua opinião, teria assassinado a srta. French?

– Ora... um assaltante, por exemplo, como suspeitaram de início. A janela foi forçada. Mataram-na com um golpe de pé de cabra, encontrado ao lado do corpo. Vários objetos desapareceram da casa. Não fossem as suspeitas absurdas de Janet e a raiva que ela sente de mim, as investigações da polícia teriam continuado no rumo certo.

– A hipótese não vai convencer ninguém, sr. Vole – declarou o advogado. – Os objetos que desapareceram valem muito pouco. Foram levados apenas para despistar a polícia. As marcas que ficaram na janela estão longe de serem conclusivas. Além disso, pense bem no que está dizendo. Se às nove e meia o senhor não estava mais lá, de quem seria a voz masculina que Janet ouviu na sala de estar? A srta. French não estaria tendo uma conversa amigável com o ladrão...

– Não... realmente não – disse Vole.

Ele parecia confuso e desencorajado. Lá pelas tantas, como se recuperasse a esperança, disse:

– De qualquer forma, tenho um álibi. O senhor precisa falar agora mesmo com a minha esposa, Romaine.

– Certamente – concordou o advogado. – Eu já teria me encontrado com ela se não estivesse viajando desde que o senhor foi preso. A Scotland Yard me informou que ela chega hoje à noite. Assim que eu sair daqui, devo procurá-la.

Vole assentiu e uma expressão de alívio tomou conta do seu rosto.

– Romaine vai lhe contar tudo. Meu Deus! Que golpe de sorte.

– Pelo que entendo, o senhor tem uma grande afeição por sua esposa, correto?

– Mas é claro.

– E ela?

– É uma esposa muito dedicada. Ela faria qualquer coisa por mim.

Ele falou com entusiasmo, mas o coração do inspetor bateu ainda mais fraco. O depoimento de uma excelente esposa... quem se deixaria convencer?

– Alguém mais o viu retornar às 21h20? Alguma empregada, por exemplo?

– Não temos empregada.

– Não encontrou ninguém durante o trajeto de volta?

– Ninguém que eu conhecesse. Parte do trajeto fiz de ônibus. Pode ser que o motorista se lembre de mim.

O sr. Mayherne sacudiu a cabeça, cético.

– Então não há ninguém que possa confirmar o depoimento da sua esposa?

– Não. Mas e é mesmo necessário que outra pessoa o confirme?

– Talvez não. Espero que não – apressou-se em dizer o sr. Mayherne. – Mas há uma outra coisa. A srta. French sabia que era casado?

– Claro.

– E sua esposa nunca foi junto visitá-la? Por quê?

Pela primeira vez, Leonard Vole parecia hesitar em dar uma resposta.

– Bem... eu não sei.

– Há outra coisa que talvez não saiba. Janet Mackenzie alega que a patroa nada sabia sobre a sua esposa e esperava poder casar com o senhor no futuro.

Vole riu.

– Mas que absurdo! Temos quarenta anos de diferença.

– Não seria o primeiro caso. E o fato permanece o mesmo: sua esposa nunca se encontrou com a srta. French.

– Não... – hesitou ele, de novo.

– Permita-me dizer... – prosseguiu o advogado – a sua atitude está me parecendo meio absurda.

Vole ficou vermelho, hesitou por um momento, mas em seguida se abriu:

– Vou confessar-lhe tudo de uma vez por todas. Eu estava passando por dificuldades, como sabem. Esperava que a srta. French pudesse me emprestar algum dinheiro. Ela gostava de mim e pouco se interessava pelas brigas que estavam ocorrendo entre mim e minha mulher. Ela achava que eu e minha mulher havíamos nos desentendido de vez e vivíamos separados, foi o que acabei percebendo. Sr. Mayherne... eu queria o dinheiro... para Romaine. Não disse nada e deixei que a srta. French acreditasse no que quisesse. Ela me tratava como se eu fosse um filho adotado. Era o que ela dizia, jamais se falou em casamento... Casamento é coisa da imaginação de Janet.

– E isso é tudo?

– Sim. É tudo.

Havia ou não, ao dizer aquilo, uma sombra de hesitação na voz dele? O advogado não sabia ao certo. Ele se levantou e cumprimentou-o com um aperto de mão.

– Até mais ver, sr. Vole.

Depois olhou para o rosto exausto do rapaz e acrescentou quase sem pensar:

– Acredito na sua inocência, apesar de todos os indícios sugerirem que é culpado. Espero poder prová-la e dessa forma fazer justiça.

Vole sorriu para ele e disse, empolgado:

– O senhor vai ver que não há nada de errado com meu álibi.

E de novo não reparou que o advogado sequer lhe respondeu.

– Tudo vai depender do depoimento de Janet Mackenzie – disse o sr. Mayherne. – O que está claro é que ela o odeia.

– Que motivo teria ela para me odiar? – protestou o jovem.

O advogado balançou a cabeça, pensativo, e deixou a sala.

– E agora é a vez da sra. Vole... – disse ele para si mesmo.

Estava realmente surpreso com o rumo que as coisas tinham tomado.

Os Vole moravam numa casinha simples, perto da delegacia de Paddington Green. O sr. Mayherne foi até lá.

Quem atendeu a porta foi uma mulher alta, mal-arrumada, certamente uma empregada.

– A sra. Vole já retornou?

– Faz uma hora. Mas não sei vai poder recebê-lo.

– Se a senhora puder entregar a ela o meu cartão... – disse o sr. Mayherne, calmamente. – Estou certo de que vai me receber.

A mulher olhou para ele desconfiada, limpou a mão no avental e pegou o cartão. Depois disso, fechou a porta na cara do advogado e deixou-o esperando no degrau do lado de fora.

Não demorou muito, entretanto, para que voltasse, e dessa vez ela o tratou de um modo ligeiramente diferente.

– Entre, por favor.

Ela conduziu-o a uma minúscula sala de estar. O sr. Mayherne examinava distraído uma gravura na parede quando foi surpreendido por uma mulher alta e pálida, que entrara na peça sem fazer qualquer barulho.

– Sr. Mayherne? Acredito que seja o advogado do meu marido. Esteve com ele? Sente-se, por favor.

Antes de ouvi-la, o sr. Mayherne não se dera conta de que não era inglesa. Agora, observando-a mais de perto, ele reparava nas bochechas salientes, na basta cabeleira negra que chegava a ser azulada e nos gestos requintados que ela às vezes esboçava com as mãos. Era visivelmente uma estrangeira. Tinha um ar estranhamente calmo. Tão calmo que chegava a deixá-lo constrangido. O sr. Mayherne tinha a nítida impressão de estar diante de algo que não compreendia direito.

– Não há motivo para desespero... – começou ele, mas em seguida se interrompeu.

Romaine Vole não corria o risco de se desesperar. Ela estava muito calma e segura.

– Por favor, seja franco comigo. Preciso saber de tudo. O senhor vai me contar tudo o que sabe, não? Comece pelo pior...

Ela hesitou por um momento e depois repetiu a frase com uma ênfase que pareceu estranha ao advogado:

– Pelo pior.

O sr. Mayherne falou da conversa que tivera com o marido dela. A sra. Vole escutou com atenção, concordando de vez em quando com a cabeça.

– Entendo – disse ela, depois que ele terminou. – Ele quer que eu diga que ele chegou em casa às 21h20 naquela noite?

– Não foi essa a hora em que ele chegou? – perguntou o sr. Mayherne, contrariado.

– Não é isso o que importa... – replicou ela friamente. – Dizendo que foi, posso salvá-lo? Vão acreditar em mim?

O sr. Mayherne não esperava por aquilo. Ela havia compreendido rápido demais o essencial da questão.

– É só o que preciso saber – disse ela. – Meu depoimento vai ser suficiente? Alguém mais vai poder atestar o que estou dizendo?

Havia uma impaciência no jeito dela que o incomodava.

– Até o momento, não temos nenhuma outra testemunha – respondeu ele, hesitante.

– Entendo – disse Romaine Vole.

Ela se endireitou na cadeira e permaneceu calada por um ou dois minutos. Sorria consigo mesma, com discrição.

O advogado ficava cada vez mais preocupado.

– Sra. Vole – disse ele –, sei como deve se sentir...

– É mesmo? Imagino que sim...

– Dadas as circunstâncias...

– Dadas as circunstâncias, sou obrigada a agir sozinha.

Ele olhou desconcertado para ela.

– Mas minha cara sra. Vole, a senhora está alterada. Sendo uma esposa tão dedicada...

– Como?

A frieza com que ela fez a pergunta assustou-o. Ele repetiu, desconfiado:

– Sendo uma esposa tão dedicada...

Romaine Vole sacudiu a cabeça lentamente numa negativa, com o mesmo sorriso estranho nos lábios.

– Foi o que ele disse? Que sou uma esposa dedicada? Mas claro! Não duvido. Como são estúpidos os homens...

De repente ela se levantou. Toda a tensão que o advogado pressentira estar contida naquele ambiente explicitou-se no tom de voz dela:

– Pois diga a ele que o odeio. Odeio, odeio mesmo. Espero que ele seja condenado ao enforcamento.

O advogado recuou diante da paixão com que os olhos dela flamejavam.

Ela deu um passo na direção dele e continuou, ainda indignada:

– Talvez ajude se eu lhe disser que ele não voltou para casa às 21h20, mas às 22h20! Ele alega que não sabia nada sobre o dinheiro que iria herdar. E se eu lhe disser que ele sabia, contava com o dinheiro e cometeu o assassinato para pôr as mãos nele? E se eu lhe disser que ele me confessou tudo isso aqui mesmo, quando chegou em casa, naquela noite? E que havia sangue no casaco dele? E então? Digamos que eu revele tudo isso ao júri!

Ela olhava fixamente para ele, como se quisesse desafiá-lo. Com certo esforço, ele conseguiu esconder a crescente consternação e disse num tom apaziguador:

– Ninguém pode obrigá-la a depor contra o seu marido...

– Ele não é meu marido!

As palavras saíram tão rápidas que ele ficou na dúvida se tinha entendido.

– O que foi que a senhora disse?

– Ele não é meu marido.

O silêncio foi tal que se poderia ouvir a queda de um alfinete.

– Eu trabalhava como atriz em Viena. Meu marido está vivo, mas num hospício. Por isso não podíamos casar. Agora estou aliviada.

Ela balançava a cabeça afirmativamente, a fim de enfatizar o que dizia.

– Gostaria de saber uma coisa – disse o sr. Mayherne, afetando uma calma e frieza que ele evidentemente já não tinha. – Por que a senhora está tão magoada com Leonard Vole?

Ela sacudiu a cabeça negativamente e sorriu.

– Gostaria mesmo? É uma pena. Nada direi sobre isso.

O sr. Mayherne deu a tossidinha habitual e se levantou.

– Bem, acho que nossa conversa chegou ao fim. Devo fazer mais algum contato com a senhora, depois de conversar de novo com meu cliente.

Ela se aproximou dele, fitando-o com seus olhos negros e profundos.

– O senhor acreditava mesmo na inocência dele quando veio aqui hoje? Honestamente falando...

– Sim, eu acreditava – respondeu o sr. Mayherne.

– O senhor é mesmo ingênuo – disse ela, rindo.

– E continuo acreditando – declarou ele, para encerrar. – Boa noite, madame.

O sr. Mayherne saiu da sala, levando na memória a expressão pasma do rosto dela.

– Vai ser um trabalho de Hércules – disse para si mesmo, enquanto caminhava pela rua.

Tudo era estranhíssimo. A mulher, misteriosa e perigosa. Mulheres podem ser terríveis quando têm uma carta na manga.

O que se podia fazer? Aquele jovem não tinha onde se segurar. Era possível, é claro, que ele tivesse mesmo cometido o crime.

"Não", disse o sr. Mayherne para si mesmo. "Há evidências demais contra ele. Não acredito nessa mulher. Ela estava blefando o tempo todo, e jamais vai repetir essas declarações diante do júri."

Ele se sentiria melhor se tivesse mais certeza disso.

II

O inquérito foi rápido e dramático. As principais testemunhas da acusação eram Janet Mackenzie, a empregada da falecida, e Romaine Heilger, austríaca, amante do acusado.

O sr. Mayherne ouviu calado as declarações incriminadoras da sra. Heilger, que reproduziam mais ou menos aquilo que ela já lhe dissera.

O acusado teria agora de se defender diante do júri.

O sr. Mayherne já não sabia mais o que fazer. O caso de Leonard Vole era um caso perdido, por mais prestígio que tivesse o advogado de defesa.

Se conseguissem pelo menos pôr em dúvida o depoimento da austríaca...

"Mas esse parece um beco sem saída", disse ele para si mesmo.

Já fazia um tempo que o sr. Mayherne resolvera concentrar as energias num outro ponto. Se Leonard Vole falava a verdade e tinha deixado a casa da morta às nove horas, quem era o homem que Janet ouvira conversando com a srta. French às nove e meia?

Uma resposta para aquela questão e também uma saída para o sr. Vole apareceu na forma de um sobrinho baderneiro, que no passado extorquira da tia boas quantias em dinheiro. O advogado descobrira que Janet Mackenzie gostava do rapaz e nunca deixara de defendê-lo diante da patroa. Era bem possível que o homem com quem a srta. French estivera depois de Leonard Vole deixar a casa fosse esse sobrinho, que agora estava desaparecido.

Aquela fora a única linha de investigação do advogado que trouxera um resultado concreto. As outras não levavam a parte alguma. Ninguém vira Leonard Vole chegar em casa ou sair da casa da srta. French. Ninguém vira nenhum outro homem entrar ou sair da casa em Cricklewood.

Foi na véspera do julgamento que o sr. Mayherne recebeu uma carta que fez com que mudasse completamente o seu entendimento do caso.

A carta chegou no correio da tarde. Vinha escrita em papel comum, com um garrancho horroroso, e fora colocada num envelope encardido, com o selo torto.

O sr. Mayherne teve de lê-la duas vezes para entender:

Caro senhor:
Sei que é o camarada da lei que age em nome do jovem colega. Se quer pôr um fim às tretas da gringa mascarada, dê as caras essa noite na pensão Shaw, em Stepney. Não menos que duzentas libras. Falar com a sra. Mogson.

O advogado leu e releu aquela mensagem estranha. Podia não passar de uma brincadeira, mas por algum motivo ele desconfiava que a mensagem era genuína e representava mesmo uma esperança para o acusado. O depoimento de Romaine Heilger fora extremamente comprometedor, e a linha que a defesa iria adotar parecia pouco convincente: não se poderia levar em conta evidências apresentadas por uma mulher que admitia levar uma vida imoral.

O sr. Mayherne estava convencido. Era seu dever fazer de tudo para salvar o seu cliente. Ele tinha de ir àquela pensão.

Não foi muito fácil achar o lugar, um edifício em ruínas numa periferia fedorenta. Quando chegou, perguntou pela sra. Mogson e indicaram-lhe um quarto no terceiro andar. Bateu na porta uma vez e, como não respondiam, bateu de novo.

Depois da segunda batida, ouviu um barulho de pés se arrastando do lado de dentro. A porta foi aberta, mas com cautela: uma fresta larga o suficiente para que espiassem para o lado de fora.

Quem estava no apartamento era mesmo uma mulher, que de repente soltou uma risadinha e terminou de abrir a porta.

– Então é você, querido... – disse ela numa voz ofegante. – Veio mesmo sozinho? Não está me escondendo nada? Sem truques? Está bem, pode entrar. Entre, por favor...

Com certa relutância, o advogado entrou naquele aposento imundo e apertado, no qual tremeluzia um lampião a gás. No canto havia uma cama desarrumada e, mais ao lado, uma mesa simples de madeira com duas cadeiras que pareciam bambas. O sr. Mayherne também tinha agora a chance de apreciar por inteiro a figura da locatária daquele cubículo desagradável. Uma mulher de meia-idade, um pouco corcunda, cujo cachecol enrolado apertado ao redor do pescoço e da cabeça ajudava a pôr em ordem uma cabeleira grisalha e desgrenhada. Ao perceber que era observada, soltou novamente sua risadinha insípida.

– Quer saber por que me escondo desse jeito? Minha beleza o seduz, hum? Não se preocupe, vou lhe mostrar...

Ela afastou o cachecol, fazendo com que o advogado automaticamente recuasse diante da mancha disforme avermelhada.

– Então você não quer me beijar, querido? – disse ela, cobrindo-se de novo com o cachecol. – Pois me pareceu que pudesse estar interessado... Já fui uma bela garota, você sabia? E não faz assim tanto tempo. Vitríolo, querido, vitríolo... a causa disso tudo. Ah! Mas a vingança é um prato que se come frio...

E, ao dizer isso, explodiu numa torrente de palavras obscenas que o sr. Mayherne tentou em vão conter. Por fim, ela caiu em silêncio, retorcendo as mãos.

– Agora chega – disse o advogado, indignado. – Vim aqui apenas porque tenho razões para crer que a senhora tem alguma informação que pode inocentar meu cliente, Leonard Vole. Tem ou não?

Ela lançou a ele um olhar lânguido e malicioso.

– E quanto ao dinheiro, querido? – sussurrou ela. – Duzentas libras, você esqueceu?

– A senhora tem a obrigação de dizer o que sabe. E pode ser intimada a fazê-lo.

– Sinto muito, meu caro. Estou velha demais e já não me lembro direito das coisas. Por duzentas libras, posso lhe dar uma que outra indicação. Do contrário...

– Que tipo de indicação?

– O que acharia de uma carta? Uma carta *dela*? Não importa como a consegui. Isso não interessa. Mas quero minhas duzentas libras.

O sr. Mayherne olhou para ela friamente enquanto refletia.

– Dou-lhe dez libras, nada mais. E somente depois de olhar a carta.

– Dez libras? – exclamou ela, indignada.

– Vinte – disse o sr. Mayherne. – E é minha última oferta.

Ele se levantou como se fosse sair. Então, olhando-a de cima a baixo, tirou do bolso uma carteira e contou 21 libras.

– É só o que tenho – disse o advogado. – É pegar ou largar.

Mas ele já sabia que a visão do dinheiro seria o suficiente para convencê-la. Em vão a mulher resmungou e praguejou, até que por fim se entregou. Indo até a cama, ela retirou algo de debaixo do colchão velho.

– Aqui estão as malditas cartas – rosnou ela. – A que lhe interessa está no topo.

Ela atirou o pacote em cima dele, que desatou-o e examinou as cartas uma por uma, de forma metódica, com sua habitual frieza. A mulher olhava-o ansiosa, sem nada conseguir inferir do seu rosto impassível.

Ele leu cada uma das cartas e então voltou à que estava no topo, lendo-a uma segunda vez. Depois disso, amarrou-as com cuidado.

Eram cartas de amor, escritas por Romaine Heilger para um homem que não era Leonard Vole. A carta no topo da pilha trazia a mesma data da prisão do rapaz.

– O que eu disse era verdade, não? – queixou-se a mulher. – A carta vai acabar com ela, certo?

O sr. Mayherne guardou as cartas no bolso e então perguntou:

– Como foi que teve acesso a essa correspondência?

– É isso o que quer saber? – perguntou ela, com um sorriso. – Sei de outra coisa que pode lhe interessar mais... Também tem a ver com as mentiras da estrangeira. Procure descobrir onde *ela* estava às 22h20 naquele dia. Ao contrário do que a infeliz diz no depoimento, em casa é que não era. Vá até o cinema em Lion Road. Certamente não vão ter esquecido de uma jovem como ela...

– Quem é esse homem? – perguntou o sr. Mayherne.

A voz dela ficou mais pesada e rouca. Não parava de retorcer as mãos, até que levou uma delas até o rosto.

– Ele é o sujeito que me fez isso. Anos atrás... quando ela o roubou de mim. Corri atrás diversas vezes, até que ele me atirou essa porcaria no rosto! E ela achou graça... graça da minha cara! Faz anos que venho esperando por essa oportunidade. Fiquei de olho, nunca perdi a infeliz de vista. E agora a apanhei de verdade! Apanhei mesmo, não é, senhor advogado? Ela vai pagar caro, vai sofrer, não vai?

– Devem prendê-la por perjúrio – disse o sr. Mayherne, calmamente.

– Ser presa... é o que ela merece! Mas já vai, querido? E o meu dinheiro? O dinheirinho que prometeu?

Sem dizer mais nada, o sr. Mayherne colocou as notas sobre a mesa. Depois disso, ele respirou aliviado e deixou aquele apartamento sórdido. Olhando para trás, viu a velha, que contava o dinheiro.

Ele não perdeu tempo. Foi relativamente fácil achar o cinema em Lion Road, e o porteiro não hesitou em identificar Romaine Heilger, quando confrontado com uma fotografia. Ela fora ao cinema na companhia de um homem, um pouco depois das dez horas, na noite em questão. O porteiro não prestou muita atenção no acompanhante, mas da mulher ele se lembrava bem, porque ela pediu a ele informações sobre o filme que estavam exibindo. Os dois ficaram até o final, cerca de uma hora mais tarde.

O sr. Mayherne estava satisfeito. Romaine Heilger contara uma mentira depois da outra no seu depoimento. E tudo por causa do ódio que ela sentia pelo acusado. O advogado se perguntou se um dia ele descobriria o motivo daquele ódio. O que Leonard Vole fizera contra ela? O rapaz ficara perplexo ao saber da atitude de Romaine. Para Leonard, o comportamento dela parecia mesmo incompreensível, apesar de que o sr. Mayherne pôde observar que depois do primeiro susto os protestos dele ficavam cada vez menos convincentes.

Leonard sabia o motivo daquele ódio. O sr. Mayherne estava certo disso. Mas o cliente não quis revelar-lhe os fatos, que permaneceram um segredo conhecido apenas por Leonard e Romaine.

O advogado consultou o relógio. Não havia tempo a perder. Era preciso incluir aqueles novos dados na defesa do acusado. Ele chamou um táxi.

O julgamento de Leonard Vole pelo assassinato de Emily French causou um grande alvoroço. O acusado era um jovem atraente, que supostamente cometera um crime cruel. As pessoas se interessavam também por Romaine Heilger, a principal testemunha da acusação. Havia fotos dela nos jornais e vários boatos sobre a sua origem.

O processo teve início com relativa tranquilidade. Tratou-se primeiro de certas evidências de ordem técnica. Em seguida, ouviu-se o depoimento de Janet Mackenzie. Ela basicamente repetiu o que já dissera. Ao interrogá-la, a defesa conseguiu fazer com que caísse duas vezes em contradição ao explicar a natureza da relação de Leonard Vole com a srta. French. O advogado enfatizou o fato de que não havia nenhuma evidência de que a voz ouvida por ela na sala de estar aquela noite fosse do sr. Vole. E ele conseguiu dar a entender ao júri que boa parte do depoimento da empregada era motivada pelo ciúme e pela raiva que ela tinha do acusado.

Chamaram então a outra testemunha.

– Seu nome é Romaine Heilger?

– Sim.

– A senhora é austríaca?

– Sim.

– Nos últimos três anos, a senhora tem vivido com o acusado e se apresentado como sua esposa?

Por um momento, os olhos de Romaine Heilger encontraram os do homem no banco dos réus. A expressão dela tinha algo de curioso, enigmático.

– Sim.

As questões se seguiram, e ela foi tecendo o seu enredo incriminador. Na noite em questão, o acusado saíra levando consigo um pé de cabra. Ele retornara às 22h20 e confessara ter matado a velha senhora. Tinha os punhos manchados de sangue e queimara a camisa no forno da cozinha. Ele a aterrorizara com ameaças, a fim de que ela nada contasse sobre o ocorrido.

O depoimento de Romaine acabou por reverter completamente o ânimo do júri, que de início parecia favorável ao acusado. E, conforme ela avançava com o seu relato, o próprio Leonard Vole ia se retraindo de cabeça baixa, como se adivinhasse a própria condenação.

E no entanto a impressão que se tinha era a de que o promotor tentava conter a animosidade de Romaine. Ele provavelmente preferia que ela parecesse uma testemunha mais isenta.

Extremamente alinhado e ao mesmo tempo solene, o advogado de defesa se levantou.

Sem se alterar, ele declarou que o depoimento dela fora uma farsa ardilosamente encenada do início ao fim, e que ela nem mesmo ficara em casa na noite em questão. Romaine era apaixonada por outro homem e estava tentando deliberadamente obter a condenação de Vole por um crime que ele não cometera.

Romaine negou categoricamente as alegações.

E então seguiu-se o desenlace inesperado, a revelação da carta. Ela foi lida em voz alta, em meio a um silêncio tenso que tomou conta do tribunal.

Max, meu querido, o destino colocou Leonard em nossas mãos! Ele foi preso por assassinato... sim, pelo assassinato de uma velha! Logo ele, incapaz de ferir uma mosca! Mas finalmente tenho a chance de me vingar daquele frouxo! Direi que voltou pra casa sujo de sangue e que me confessou o crime. Vão condená--lo, Max... e, quando ele estiver para ser enforcado, vai se dar conta de que fui eu quem pôs a corda no pescoço dele... Foi Romaine quem deu um jeito de enviá-lo para o quinto dos infernos. Finalmente a felicidade, meu amor. A felicidade!

Havia especialistas presentes prontos para atestar que a caligrafia era mesmo de Romaine Heilger, mas isso não foi necessário. Totalmente surpreendia pela revelação da carta, ela perdeu o controle e acabou confessando tudo. Leonard Vole retornara à casa no horário dito por ele: 21h20. Romaine inventara toda aquela história a fim de destruí-lo.

Depois de a austríaca ser desmascarada, o trabalho da acusação também acabou comprometido. Outras testemunhas foram chamadas, e por fim o próprio acusado contou a sua versão dos fatos, de uma forma objetiva e sem cair em qualquer contradição.

O promotor tentou reacender o debate, mas sem sucesso. A recapitulação do caso feita pelo juiz não foi inteiramente favorável ao acusado, mas apontou uma direção clara ao júri, que precisou de pouco tempo para chegar ao seu veredito:

– Consideramos o réu inocente.

Leonard Vole estava livre!

O pequeno sr. Mayherne levantou-se. Ele precisava cumprimentar o seu cliente.

Mas de repente deu por si limpando vigorosamente o pincenê. Na noite anterior, a esposa reparara que o gesto estava se tornando um hábito do marido. Era curioso. As pessoas dificilmente se davam conta dos próprios hábitos.

O caso fora interessante, muito interessante. Em especial pela figura exótica daquela mulher, Romaine Heilger.

Na casa em Paddington, ela lhe parecera uma mulher pálida e reservada. Agora, diante da atmosfera sóbria e formal do tribunal, ela se destacava com a beleza de uma flor tropical.

Se ele fechasse os olhos, podia vê-la, alta e radiante, com o corpo delicado ligeiramente inclinado para frente, por vezes retorcendo as mãos, num gesto inconsciente. Como eram curiosos os hábitos das pessoas. Aquele gesto obsessivo com as mãos era um hábito da moça, supunha o advogado. Mas ele o lembrava de uma outra pessoa. Quem? Não fazia muito que vira alguém...

Quando se lembrou, não pôde conter um gemido. *A mulher na pensão Shaw*!

Ficou imóvel, a cabeça girando. Impossível, impossível! Mas Romaine Heilger era atriz...

Um colega da defesa aproximou-se e deu-lhe uma palmadinha no ombro.

– Já falou com o nosso homem? O coitado escapou por pouco... Vamos cumprimentá-lo.

Mas o advogado desvencilhou-se do colega. Só uma coisa lhe importava naquele momento: ficar de frente com Romaine Heilger.

Ele só a viu mais tarde, bem longe dali.

– Não é que o senhor adivinhou? – disse a moça, depois que o advogado se abriu com ela. – O detalhe da mancha foi apenas maquiagem, que a luz fraca do lampião a gás me ajudou a esconder.

– Mas por quê? Por quê?

– Por que foi que eu me decidi a *agir sozinha*? – disse ela com um sorriso, lembrando-se da última vez que usara aquelas palavras.

– Por que representou toda essa comédia?

– Ora, eu precisava salvá-lo! O depoimento de uma esposa dedicada não seria convincente... Melhor do que ninguém, o senhor sabia disso. Foi uma questão de psicologia de massas. Era preciso que eu apresentasse a evidência como se estivesse sendo forçada, coagida pela lei... Só assim o meu depoimento seria capaz de desencadear uma reação a favor do acusado.

– Mas e todas aquelas cartas?

– Se eu lhe entregasse apenas uma, a mais importante, ela poderia parecer forjada.

– E esse homem, chamado Max?

– Nunca existiu!

– Eu ainda acho, srta. Heilger – disse o pequeno sr. Mayherne, num tom de mágoa –, que poderíamos tê-lo salvo de uma forma mais, mais... convencional!

– Eu não podia arriscar. O senhor *achava* que ele era inocente...

– E a senhora *sabia*? Entendo...

– Não, meu caro sr. Mayherne... Definitivamente, o senhor ainda não entendeu. E eu sabia: ele era *culpado*!

O MISTÉRIO DA JARRA AZUL

I

Jack Hartington calculou friamente a tacada. Parando ao lado da bolinha, olhou para o *tee*, examinando a distância. Em seu rosto estava agora estampada toda a sua raiva. Com um suspiro afastou o taco, ameaçou duas vezes e, antes de acertar propriamente na bolinha, aniquilou um tufo de grama e um dente-de-leão.

Quando se tem 25 anos de idade e a única ambição na vida é diminuir o número de tacadas que normalmente se dá numa partida de golfe, ser forçado a dedicar tempo e atenção à tarefa ingrata de ganhar o pão de cada dia torna-se um grande problema. Dos sete dias da semana, Jack passava cinco e meio encarcerado num escritório, que mais lhe parecia um caixão de mogno, no centro da cidade. As tardes de sábado e o domingo ele dedicava religiosamente ao que a vida tinha de importante. O excesso de zelo fizera também com que ele alugasse um quarto em um pequeno hotel nas imediações do campo de Stourton Heath. Assim, todos os dias, Jack se levantava às seis da manhã a fim de ter a chance de praticar o seu esporte por uma hora antes de tomar o trem que o levava ao centro da cidade.

A única desvantagem do plano é que lhe parecia fisiologicamente impossível acertar o que quer que fosse àquela hora da manhã. Com tacadas desastradas, ele desperdiçava todas as chances. Quando tentava mandar a bola alta, ela saía risivelmente rasteira, e em qualquer um dos percursos parecia-lhe impossível finalizar o buraco.

Jack suspirou, agarrou o taco com força e repetiu para si mesmo as palavrinhas mágicas: "Braço esquerdo esticado e cabeça baixa".

Girou o corpo e então, de repente, parou, petrificado pelo grito estridente que varou o silêncio daquela manhã de verão:

– Socorro! Ajudem, por favor! Estão me matando!

A voz da mulher em seguida desapareceu numa espécie de gorgolejo angustiado.

Jack deixou cair o taco e se precipitou na direção de onde vinha o som. Era de algum lugar não muito distante. A parte do percurso em que Jack estava era peculiarmente selvagem e isolada. Havia poucas casas. Na verdade, próximo dali, havia apenas um pequeno chalé, que sempre chamara a atenção de Jack pelo aspecto pitoresco, como que pertencente a uma outra época. Foi para lá que ele correu. O chalé ficava escondido embaixo de um declive coberto de urzes. Era preciso contorná-las, mas em menos de um minuto Jack estava ao lado do portão, abrindo o trinco.

Havia uma moça no jardim, e por um momento Jack pensou que pudesse ser ela quem gritara. Mas logo mudou de ideia.

Ela carregava na mão uma cestinha cheia de ervas daninhas, e era evidente que até então estivera abaixada recolhendo-as de um largo canteiro de amores-perfeitos. Os próprios olhos dela eram como amores-perfeitos, escuros e aveludados, de uma cor que puxava mais para o violeta do que propriamente para o azul. Aliás, ela toda era um amor-perfeito, no seu vestidinho púrpura de linho.

A moça lançou a Jack um olhar ao mesmo tempo incomodado e de surpresa.

– Me desculpe – disse ele. – Foi você que acabou de gritar?

– Eu? Claro que não.

A surpresa dela era tão genuína que Jack ficou confuso. A moça tinha uma bela voz, macia e com um suave sotaque estrangeiro.

– Mas você também deve ter ouvido! – exclamou ele. – Veio de algum lugar aqui perto.

Ela cravou nele os olhos.

– Não ouvi nada.

Jack, por sua vez, também cravou os olhos nela. Era realmente impossível que a moça não tivesse ouvido aquele grito agoniado de socorro. E no entanto ela estava tão calma que Jack também não podia crer que estivesse mentindo.

– Veio de algum lugar aqui perto – insistiu ele.

Ela agora lançava-lhe um olhar desconfiado.

– Mas que tipo de grito era?

– Socorro! Ajudem, por favor! Estão me matando!

– Socorro! Ajudem, por favor! – repetiu a moça. – Senhor, eu acho que lhe pregaram uma peça. Quem é que mataria alguém aqui?

Jack olhou ao redor como se esperasse encontrar um cadáver caído no jardim. Deu-se conta do ridículo da ideia, mas nem por isso podia negar que o grito que ouvira era real e não fruto da sua imaginação. Tentou olhar através dos vidros do chalé. Tudo parecia calmo e em ordem.

– Quer revistar a casa? – perguntou a moça, secamente.

Ela se mostrava tão explicitamente arredia à ideia de que alguém por ali pudesse ter gritado que Jack acabou ficando mais confuso do que nunca.

– Me desculpe – disse ele, desistindo. – O grito deve ter vindo de outro lugar mais lá para cima.

Ele cumprimentou-a tirando o boné e se retirou. Olhando por cima do ombro, viu que ela voltara tranquilamente a cuidar do canteiro.

Por um tempo ele ainda ficou procurando entre os arbustos, mas sem encontrar nada de extraordinário. E no entanto ele tinha certeza de que ouvira o grito. Por fim, acabou dando a busca por encerrada e correu de volta para casa, na esperança de ainda conseguir engolir o café da manhã antes de pegar o trem. Como sempre, chegou na plataforma segundos antes da partida. Já dentro do vagão, ao se sentar, tinha a consciência ligeiramente pesada. Não seria sua obrigação relatar à polícia o que ouvira? Ele só não o fizera por causa do ceticismo da moça. Ela dera a entender que ele estava interessado nela. Talvez até dissesse isso à polícia. Ele estava mesmo seguro de que tinha ouvido o grito?

A essa altura ele já não estava tão convencido como antes. Era o resultado natural de tentar reviver uma emoção perdida. Teria ele distorcido o grito de algum pássaro, como se fosse a voz de uma mulher?

A ideia deixou-o irritado. A voz era de uma mulher, ele ouvira muito bem. Lembrava-se até de ter olhado para o relógio, momentos antes de ouvir o grito. Se a polícia se interessasse pelo fato, ele poderia dizer que o pedido de socorro ocorrera às 7h25. Aquele dado poderia ser útil para as investigações.

À noite, ao voltar para casa, ele examinou ansiosamente os jornais vespertinos, para ver se noticiavam algum crime. Mas não havia nenhuma notícia desse tipo, e ele já não sabia se aquilo era motivo para que se alegrasse ou não.

A manhã seguinte estava úmida. Tão úmida que até mesmo o jogador de golfe mais fanático perderia o entusiasmo. Jack relutou até o último momento para levantar, empurrou goela abaixo o café da manhã, correu para pegar o trem e novamente examinou os jornais. Não relatavam nada de particularmente horripilante. Os vespertinos também não traziam nada naquele sentido.

– Que coisa mais estranha... – murmurou Jack consigo mesmo. – Mas talvez tenha sido realmente uma brincadeira de alguém. Garotos brincando escondidos nos arbustos.

Na manhã seguinte, ele saiu mais cedo. E ao passar pelo chalé, viu com o rabo dos olhos que a moça estava de novo cuidando do jardim. Um hábito, evidentemente. Ele deu uma excelente tacada de aproximação e torceu para que ela tivesse reparado. Ao dar a próxima tacada, olhou para o relógio.

– Sete horas e vinte e cinco minutos... – murmurou ele. – Será que...

As palavras congelaram nos seus lábios. De algum lugar atrás dele, surgiu o mesmo grito que tanto o espantara da outra vez. O chamado aflito de uma mulher.

– Socorro! Ajudem, por favor!

Jack voltou correndo. A moça estava parada ao lado do portão. Parecia assustada, e Jack se dirigiu a ela, exclamando, triunfante:

– Agora você ouviu, hein?

Os olhos dela estavam muito arregalados, e conforme Jack ia se aproximando ela recuava e olhava de volta para a casa, como se fosse correr para dentro e se proteger.

A moça balançou a cabeça negativamente:

– Não ouvi coisa alguma – disse, ainda com os olhos arregalados, olhando para ele.

Jack ficou perplexo. Mas tal foi a sinceridade com que ela falou que ele não teve como pôr em dúvida o que ela dizia. E no entanto...

De repente ele a ouviu dizer mansamente, como se procurasse entendê-lo:

– O senhor tem algum trauma de guerra, certo?

De repente ele entendeu o medo dela, por que ela recuava e olhava para a casa. Ela o tomava por algum maluco.

E então, como se tivesse levado um banho de água fria, ele caiu em si. Estaria ela certa? Será que ele estaria sofrendo de alucinações? Horrorizado com aquela ideia, ele se virou e saiu tropeçando, sem dizer nenhuma palavra. A moça olhou-o se afastar, soltou um suspiro, balançou a cabeça e voltou a cuidar do jardim.

Jack refletiu consigo mesmo: “Se eu ouvir esse maldito grito de novo, às 7h25, então estou sofrendo de algum tipo de alucinação. Mas não vou ouvir...”.

Durante todo o restante do dia ele se sentiu angustiado, e foi para a cama mais cedo a fim de resolver aquele dilema logo na manhã seguinte.

Como talvez fosse de se esperar num caso como esse, ele permaneceu acordado metade da noite e acabou se levantando atrasado. Já eram 7h20 quando ele conseguiu sair do hotel. Correu na direção dos campos de golfe, certo de que não conseguiria chegar a tempo no local fatídico. Mas certamente, se fosse apenas uma alucinação, a voz seria ouvida em qualquer lugar. Sem tirar os olhos do relógio, ele continuou correndo.

Às 7h25, Jack ouviu o eco do chamado distante de uma mulher. Não era possível distinguir as palavras, mas ele estava convencido de que era o mesmo grito dos outros dias e de que vinha do mesmo local, de algum lugar próximo ao chalé.

Por mais estranho que fosse, aquilo tranquilizou-o. Devia ser algum tipo de brincadeira, e a própria moça devia estar envolvida. Ele tirou o saco de golfe do ombro e pegou um taco. Daria algumas tacadas na direção do chalé.

A moça estava no jardim como sempre. Naquela manhã, ela olhou diretamente para ele e, quando Jack tirou o boné, lhe respondeu com um bom-dia, um pouco tímida. Ela parecia mais atraente do que nunca, foi o que ele pensou.

– Um belo dia, não? – disse Jack, entusiasmado, mas em seguida se envergonhou com a banalidade da frase.

– De fato, um belo dia.

– É bom para as plantas, imagino...

A moça esboçou um sorriso, deixando aparecer uma covinha extremamente sedutora.

– Nem tanto! Minhas flores precisam de chuva. Veja, estão todas secas...

Jack aceitou o convite que ela fez com um gesto e passou por cima do muro baixinho, que separava o jardim do campo.

– Elas parecem bem – disse ele, consciente de que suas palavras provocavam na moça um olhar de comiseração.

– O sol de qualquer forma é bom – disse ela –, pois sempre se pode regar as plantas. E o sol nos dá força e revigora, não? Hoje o senhor está com um aspecto muito melhor.

O tom encorajador com que ela disse aquelas palavras acabou por irritá-lo. "Maldição. Está novamente me tratando como um louco", pensou ele.

– Não há nada de errado comigo – protestou ele.

– Isso é ótimo – disse ela imediatamente, a fim de tranquilizá-lo.

Jack tinha a impressão desagradável de que ela não acreditava nele.

Ele retornou ao campo, deu mais algumas tacadas e correu para casa, a fim de tomar o café da manhã. Enquanto comia, sentiu-se examinado pelo homem que sentava à mesa ao lado. Não era a primeira vez que aquilo acontecia. Era um homem de meia-idade, que trazia no rosto uma expressão viril e intensa. Usava uma barba negra e bem aparada, e seus olhos eram verdes e penetrantes. Os gestos do homem passavam a segurança e a tranquilidade daqueles que têm a consciência de pertencer aos altos escalões de uma determinada profissão. Jack sabia que ele se chamava Lavington e já ouvira comentários de que era um médico muito respeitado na sua especialidade. Parece que morava na Harley Street.

A diferença era que, naquela manhã, Jack não tinha nenhuma dúvida de que estava sendo silenciosamente observado. Isso o assustou. Era como se trouxesse estampado na testa o seu segredo. Será que esse homem, por causa da sua profissão, era capaz de adivinhar que havia algo de errado com suas células cinzentas?

A ideia lhe provocou um arrepio. Estaria mesmo ficando maluco? Seria tudo uma alucinação ou estavam todos mancomunados para lhe pregar uma peça?

De repente, veio-lhe à cabeça um meio simples de pôr aquela situação à prova. Até então ele estivera praticando sozinho. E se da próxima vez ele levasse alguém? Nesse caso, apenas três coisas poderiam ocorrer: a voz poderia ficar em silêncio, ambos poderiam ouvi-la ou apenas ele ouviria.

Jack tomou as providências necessárias para efetivar o seu plano. Lavington era a pessoa que ele queria junto de si. A conversa entre os dois emergiu naturalmente. Era como se o homem mais velho estivesse esperando há tempos por aquela oportunidade. Ele estava visivelmente interessado em Jack, e não foi difícil ao jovem sugerir a possibilidade de ambos se encontrarem para praticar um pouco de golfe. O encontro foi combinado para a manhã seguinte, antes do café.

Começaram a partida um pouco antes das sete horas. Era um dia perfeito, limpo, sem vento e não muito quente. O médico jogava bem, e Jack, muito mal. Não conseguia parar de pensar um minuto no que poderia acontecer. A todo momento ele olhava sub-repticiamente para o relógio. Às 7h20, eles estavam perto do chalé, na tentativa de completar o sétimo percurso.

A moça, como sempre, estava no jardim e não levantou a cabeça quando eles passaram.

Duas bolinhas estavam no gramado: a de Jack, perto do buraco, a do médico, um pouco mais atrás.

– Não acredito – disse Lavington. – Acho que vou conseguir...

Ele se inclinou para calcular a melhor posição. Jack continuava rígido, com os olhos grudados no relógio. Eram exatamente 7h25.

A bola correu macia pela relva, parando na borda do buraco, onde hesitou por um momento antes de cair.

– Boa tacada – disse Jack.

Sua voz soava rouca e irreconhecível. Ele estendeu o braço, sacudindo o relógio de pulso, depois suspirou aliviado. Nada tinha acontecido. O feitiço se quebrara.

– Se o senhor não se importa de parar um minuto... gostaria de fumar um cachimbo.

No oitavo percurso, eles fizeram uma pausa. Jack encheu e acendeu o cachimbo, com dedos que tremiam um pouco, contra a sua vontade. Um grande peso fora retirado dos seus ombros.

– Que dia lindo! – disse ele contente, observando o campo à sua frente. – É a sua vez de começar, Lavington.

E então aconteceu. No momento em que o médico acertava na bola. Um grito de mulher, agudo e agonizante:

– Socorro! Ajudem, por favor! Estão me matando!

O cachimbo caiu das mãos nervosas de Jack enquanto ele se virava na direção de onde vinha o som. Em seguida lembrou-se do companheiro e olhou para ele, ofegante.

Lavington olhava para o campo, protegendo os olhos com uma das mãos por causa do sol.

– Meio curto, mas pelo menos passei o obstáculo.

O médico não ouvira o grito.

Jack sentia como se o mundo girasse ao seu redor. Deu um ou dois passos para frente e capotou. Quando voltou a si, estava deitado na relva, e Lavington se inclinava sobre ele.

– Muito bem, muito bem. Agora, com calma...

– O que aconteceu?

– Parece que você desmaiou, meu jovem.

– Deus! – disse ele, e depois gemeu.

– Qual é o problema? Algo o preocupa?

– Já lhe conto, mas gostaria de lhe perguntar uma coisa antes.

O médico acendeu o seu próprio cachimbo, sentando-se no banco.

– Sinta-se à vontade para me perguntar o que quiser – disse ele, relaxado.

– O senhor tem andado me observando nos últimos dias. Por quê?

Um brilho passou pelos olhos de Lavington.

– A sua pergunta é um pouco estranha. As pessoas se olham por vários motivos, e muitas vezes sem nem se dar conta...

– Pare de me enrolar, eu não sou burro. Fiz a pergunta por um motivo...

O semblante de Lavington se contraiu.

– Com toda a sinceridade, vou dizer-lhe uma coisa. Você dá sinais de que alguma coisa grave o aflige. Fiquei intrigado para saber o que era.

– Pois vou lhe contar, então – disse Jack, consternado. – Estou ficando louco.

Ele fez uma pausa dramática e, como sua declaração não parecia surtir no médico o efeito esperado, repetiu:

– Estou ficando louco, o senhor não entende?

– Curioso – murmurou Lavington. – De fato, muito curioso.

Jack ficou indignado.

– Posso imaginar que para o senhor não signifique nada além disso. Médicos são mesmo insensíveis.

– Procure se acalmar, meu jovem, você não está falando coisa com coisa. Para começar, de fato estudei, mas não exerço a profissão de médico. Estritamente falando, não sou médico... Não cuido do corpo das pessoas, é o que quero dizer.

Jack lançou a ele um olhar desconfiado.

– E da mente?

– Da mente sim, de certa forma. Mas o que me interessa mesmo é a alma.

– Oh!

– Posso perceber o deboche no seu tom de voz, mas temos de usar alguma palavra para referir o princípio ativo que pode ser separado da sua morada carnal, o corpo, e existir sem ele. Não é possível ignorar a alma, meu jovem. É algo mais do que um termo religioso, inventado por padres. Mas podemos chamá-la de mente, ou subconsciente, se preferir. Você pareceu se ofender com algo que eu disse há pouco, mas posso assegurar-lhe que me deixa realmente intrigado o fato de um jovem perfeitamente normal e equilibrado deixar-se afligir pela fantasia de que vai enlouquecer.

– Mas vou enlouquecer mesmo. Sinto-me à beira de um colapso nervoso.

– Me desculpe, mas do meu ponto de vista não parece.

– Estou tendo alucinações.

– À noite, depois do jantar?

– Não, de manhã cedo.

– Impossível – disse o médico, reacendendo o cachimbo que apagara.

– Estou lhe dizendo que escuto coisas que ninguém mais ouve.

– Um homem em mil pode ver as luas de Júpiter. O fato de os outros 999 não poderem vê-las não significa que elas não existam, e muito menos que o milésimo homem seja um lunático.

– As luas de Júpiter são um fato científico comprovado.

– Nada impede que as alucinações de hoje se transformem nos fatos científicos de amanhã.

A praticidade de Lavington estava surtindo efeito sobre Jack. Mesmo sem baixar a guarda, ele agora se sentia muito mais calmo e aliviado. Por um minuto ou dois, o médico olhou para ele com atenção e balançou a cabeça positivamente.

– Assim está melhor – disse ele. – Vocês jovens estão determinados a não acreditar em nada que contradiga sua filosofia de vida. E quando acontece alguma coisa que põe em xeque essa filosofia ficam apavorados. Mas me explique melhor o motivo por que pensa que está ficando louco. Depois de ouvir a sua explicação, podemos decidir melhor se vale a pena ou não interná-lo.

Jack narrou a série de ocorrências estranhas da forma mais fiel possível.

– Mas o que eu não consigo entender – disse ele – é por que nesta manhã tudo aconteceu às sete e meia, cinco minutos mais tarde.

Lavington refletiu por um minuto ou dois. Em seguida, ele perguntou:

– Que horas são agora no seu relógio?

– Quinze para as oito – respondeu Jack, depois de consultá-lo.

– Então é tudo muito simples. O meu está marcando 7h40. O seu está adiantado em cinco minutos. Esse é um ponto interessante e importante. Na verdade, na minha opinião, é a chave do problema.

– Em que sentido?

Jack começava a se interessar.

– Bem, a explicação mais óbvia é que, na primeira manhã, você ouviu mesmo o grito. Pode ter sido brincadeira de alguém ou não. Nas outras manhãs, você se autossugestionou a ouvi-lo exatamente na mesma hora.

– Tenho certeza que não.

– Não estou falando de nada consciente, é claro. O subconsciente às vezes nos prega peças. Mas a explicação de qualquer forma não é boa. Se fosse um caso de autossugestão, você teria ouvido o grito quando o seu relógio marcava 7h25, e não mais tarde, quando achava que o momento tinha passado.

– Mas e então?

– Bem, só podemos inferir uma coisa, correto? Esse grito de socorro ocupa um lugar no tempo e no espaço perfeitamente bem definido: perto desse chalé, às 7h25.

– Sim, mas por que sou o único a ouvi-lo? Não acredito em fantasmas. Para mim, histórias de espíritos e gente que volta do mundo dos mortos não passam de conversa fiada. Não entendo por que só eu ouço esse maldito grito!

– Bem, no momento não temos uma resposta para isso. O curioso é que os melhores médiuns são muitas vezes as pessoas mais céticas. Não são as pessoas que se interessam por fenômenos ocultos que veem as manifestações. Não sabemos por que, mas algumas pessoas veem e ouvem coisas que as outras não percebem... E, em nove de cada dez casos como esse, elas não gostam do que veem ou ouvem e supõem estarem enlouquecendo, exatamente como você alega. É como a eletricidade. Algumas substâncias são boas condutoras, outras não, e por muito tempo tivemos de aceitar o fato sem podermos explicá-lo. Hoje em dia, sabemos por que isso é assim. No futuro, sem dúvida, alguém vai ser capaz de explicar por que você ouve o grito, mas eu e a moça do chalé não ouvimos. Todas as coisas são regidas por leis naturais. Estritamente falando, o sobrenatural não existe, entende? Não vai ser nada fácil descobrir as leis que governam os fenômenos paranormais, mas todo pequeno progresso que fizermos nessa direção é bem-vindo.

– Mas o que eu devo fazer?

Lavington deu de ombros.

– Bem, meu jovem, você vai tomar um café da manhã reforçado e em seguida partir para a cidade, sem ficar se preocupando com coisas que não compreende. Seja prático. Quanto a mim, vou dar uma volta por aí e ver se descubro alguma coisa sobre o chalé ali embaixo. Eu diria que ele é o centro do nosso mistério.

Jack levantou-se de um pulo.

– O senhor está certo. Só gostaria de dizer que...

– Sim?

Jack ficou vermelho.

– Estou certo de que não há nada de errado com aquela moça... – murmurou ele.

Lavington aparentemente se divertia com a situação.

– Você não me disse que se tratava de uma bela moça! Bem, anime-se... Acredito que o mistério seja anterior a ela.

Na noite daquele dia, Jack voltou para casa em grande expectativa. Ele depositara toda a sua confiança em Lavington. A naturalidade com que o médico tratara o assunto, sua calma e senso prático haviam impressionado Jack.

Quando Jack desceu para o jantar, encontrou seu novo amigo no saguão. O médico sugeriu que sentassem numa mesma mesa.

– Alguma novidade? – perguntou Jack, ansioso.

– Descobri a história do chalé. Inicialmente moravam ali, como locatários, um velho jardineiro e sua esposa. O velho morreu e a mulher se mudou para a casa da filha. O dono do chalé resolveu então modernizá-lo, e depois disso vendeu-o a um morador da cidade, que o utilizava durante os finais de semana. Cerca de um ano atrás, o chalé foi novamente vendido, dessa vez ao senhor e à senhora Turner, marido e mulher. O casal era um pouco estranho. Ele era inglês, e a mulher, de uma beleza exuberante e exótica, parecia ser descendente de russos. Levavam uma vida pacata, raramente recebiam visitas ou iam além dos jardins do chalé. Havia rumores de que tinham medo de alguma coisa, mas não creio que tais rumores tenham algum fundamento.

"E então, de repente, foram embora. Certa manhã, fizeram as malas e nunca mais voltaram. De Londres, o sr. Turner enviou instruções para que vendessem o chalé o mais depressa possível. A mobília foi oferecida pela metade do preço, e a casa acabou sendo vendida ao sr. Mauleverer. O sr. Mauleverer morou lá não mais do que duas semanas, e depois colocou um anúncio para que a alugassem mobiliada. As pessoas que estão lá agora são um professor de francês tuberculoso e a filha dele. Não faz mais do que dez dias que moram ali."

Jack escutou tudo em silêncio.

– Não creio que essas informações nos levem muito longe.

– Gostaria de saber mais sobre os Turner – disse Lavington, calmamente. – Eles deixaram o chalé cedo pela manhã... Parece que ninguém os viu sair. O sr. Turner tem sido visto por aí, mas o mesmo não se pode dizer da sra. Turner...

Jack ficou branco.

– Mas não pode ser! O senhor acha que...

– Acalme-se, meu jovem. Qualquer pessoa na hora em que está morrendo exerce uma grande influência sobre o lugar onde se encontra. Esse princípio é válido especialmente nos casos de morte violenta. É possível que o lugar absorva essa influência, retransmitindo-a, por sua vez, a um receptor sensível; no caso, você.

– Mas por que eu? – perguntou Jack, indignado. – Deviam procurar alguém que pudesse lhes ser útil.

– Você está pensando na força em questão como uma força inteligente, agindo com um propósito definido. Mas trata-se de uma força cega e mecânica. Não acredito em almas penadas, que assombrem um lugar com um objetivo específico. Mas o que eu tenho visto muitas e muitas vezes, a ponto de não poder mais acreditar que se trate de coincidência, é uma espécie de clamor cego por justiça. Trata-se de um movimento subterrâneo de forças trabalhando de forma obscura para alcançar algum tipo de meta...

Ele se sacudiu arrepiado, como se quisesse exorcizar uma ideia fixa, depois voltou-se para Jack com um sorriso.

– Vamos deixar o assunto um pouco de lado, pelo menos por esta noite – sugeriu.

Jack concordou imediatamente, mas não achou tão fácil tirar o assunto da cabeça.

Durante o final de semana, ele mesmo fez algumas investigações, mas não descobriu nada além do que o médico lhe dissera. Ele desistiu de jogar golfe antes do café da manhã.

A próxima peça do quebra-cabeça apareceu de forma inesperada. Uma noite, ao voltar para casa, Jack foi informado de que uma jovem esperava para falar com ele. Para sua completa surpresa, era a jovem que ele vira no jardim no chalé cuidando dos amores-perfeitos, imagem que nunca lhe saíra da cabeça. Ela estava nervosa e confusa.

– Peço desculpas por vir procurá-lo desta maneira. Mas preciso dizer-lhe uma coisa...

Ela olhou ao redor, hesitante.

– Venha comigo – disse Jack, prontamente, levando-a até uma salinha abafada, com a mobília forrada de veludo vermelho, que naquele momento estava vazia.

– Sente-se, por favor, senhorita...

– Marchaud. Felise Marchaud.

– Sente-se, por favor, srta. Felise Marchaud. Agora podemos conversar.

Felise sentou-se. A cor verde-musgo da roupa que ela estava usando parecia tornar ainda mais atrevido o seu belo rosto. Ao seu lado, o coração de Jack batia cada vez mais rápido.

– Bem... não faz muito que estamos aqui, e desde que chegamos ouvimos rumores de que a casa era mal-assombrada. Nenhum empregado queria ficar lá. Mas eu tinha achado o lugar uma graça e não me importava de ter de fazer a limpeza e cozinhar.

"Que anjo. Ela é perfeita", pensou o jovem apaixonado, sem com isso comprometer sua aparência circunspecta.

– Não acredito em fantasmas. Bem, não acreditava, até dias atrás. Senhor, durante quatro noites tenho sonhado sempre com a mesma coisa. Uma mulher bonita, alta e loira, segurando uma jarra azul de porcelana. Alguma coisa a aflige. Ela olha para a jarra e para mim, como se me implorasse para fazer alguma coisa, mas... Ela não pode falar! E não consigo adivinhar o que ela quer! Nas duas primeiras noites o sonho foi apenas isso, mas na noite seguinte se complicou. Logo que a imagem dela e da jarra desapareceu, ouvi os gritos da mulher. Tenho certeza de que eram os gritos dela, o senhor entende? As palavras dela eram as mesmas que o senhor me disse na outra manhã: "Socorro! Ajudem, por favor! Estão me matando!". Acordei apavorada. Tentei me convencer de que tudo não passava de um pesadelo, de que o fato de as palavras serem as mesmas era uma simples coincidência. Mas ontem à noite o sonho se repetiu. O que isso significa? O que vamos fazer?

Felise estava apavorada. Com o rosto pálido, ela apertava as mãos uma na outra e olhava ansiosa para Jack. O rapaz afetava uma segurança que na verdade não tinha.

– Está bem, mademoiselle Marchaud, não se preocupe. Gostaria que repetisse essa história para um amigo meu, que também está hospedado aqui, o dr. Lavington.

Felise se prontificou a fazer o que ele pedia, e Jack saiu para procurar Lavington. Ele retornou com o amigo poucos minutos depois.

Enquanto Jack os apresentava, Lavington examinou a moça com o olhar. Em seguida, com umas poucas palavras tranquilizadoras, encorajou-a a contar sua história, que ele escutou atentamente.

– Curioso – disse o médico quando ela terminou. – A senhorita contou o sonho ao seu pai?

Felise balançou a cabeça numa negativa.

– Não quis preocupá-lo com isso. Ele ainda está muito doente – os olhos dela se umedeceram. – Evito comentar com ele qualquer coisa que possa agitá-lo.

– Entendo – disse Lavington, solidário. – Fico contente que tenha nos procurado, mademoiselle Marchaud. Hartington tem passado por experiências semelhantes às suas, como bem sabe. Acredito que estamos muito perto da solução do mistério. A senhorita não lembra de mais nada?

Felise teve um sobressalto.

– Mas é claro! Ia me esquecendo do mais importante. Veja, senhor, o que foi que encontrei no fundo de um armário, atrás de uma prateleira, para onde deve ter escorregado.

Ela exibia um papel de desenho amarrotado. Nele estava pintado, com aquarela, o retrato de uma mulher. O retrato não estava acabado, mas dava uma boa ideia da modelo. Uma mulher alta, loira, mas que não parecia inglesa. Estava parada ao lado de uma mesa, sobre a qual havia uma jarra azul de porcelana.

– Encontrei isso hoje pela manhã – explicou Felise. – *Monsieur le docteur*, esta é a mulher que vi em meu sonho. A jarra azul também é a mesma.

– Extraordinário – declarou Lavington. – A chave do mistério é certamente a jarra azul. Parece uma antiga jarra chinesa. Tem um padrão fora do comum.

– É chinesa, sim. Não faz muito, vi uma bem parecida na casa do meu tio, que é colecionador de porcelana chinesa.

– Uma jarra chinesa – murmurou Lavington consigo mesmo.

Ele ficou refletindo por um minuto ou dois, e então levantou a cabeça. Seus olhos emitiam um brilho estranho:

– Hartington, desde quando o seu tio tem essa jarra?

– Desde quando? Eu não sei...

– Pense. Faz pouco que ele a comprou?

– Eu não sei... mas sim, acho que sim, agora me lembro. Não sou um grande apreciador de porcelana chinesa, e ele me mostrava as suas aquisições mais recentes. A jarra estava entre elas.

– Isso faz menos de um mês? Os Turner deixaram o chalé há cerca de dois meses.

– Sim, acho que faz menos de um mês.

– Seu tio costuma frequentar feiras de antiguidade?

– Sim, ele está sempre viajando pelo interior atrás delas.

– Então pode ser que ele tenha encontrado numa delas a jarra que pertencia aos Turner. Uma coincidência curiosa, e talvez um exemplo de algum tipo de força obscura buscando por justiça. Hartington, é fundamental que você pergunte ao seu tio onde foi que ele comprou a jarra.

O rosto de Jack assumiu uma expressão desolada.

– Temo que isso seja impossível. Ele deixou a Inglaterra e está viajando pelo continente. Não sei nem mesmo para onde eu poderia escrever.

– Quando ele volta?

– Daqui a três semanas, talvez um mês, pelo menos.

Houve um momento de silêncio. Felise olhava aflita ora para o médico, ora para Jack.

– Não há nada que possamos fazer antes de ele voltar? – perguntou ela, timidamente.

– Sim – respondeu Lavington, tentando conter o próprio entusiasmo. – Trata-se de uma estratégia pouco comum, mas é possível que funcione. Hartington, você precisa conseguir para nós essa jarra. Traga-a até aqui e, se mademoiselle nos permitir, passaremos uma noite no chalé, levando conosco a jarra azul.

Jack sentiu um ligeiro mal-estar tomar conta do seu corpo.

– Mas o que você espera que aconteça? – perguntou ele, desconfiado.

– Não faço a menor ideia, mas desconfio que o mistério se resolva e o fantasma descanse. É possível que a jarra tenha um fundo falso, com alguma coisa nele escondida. Se nada se manifestar, teremos de usar a nossa própria imaginação.

Felise bateu as mãos uma na outra.

– É uma ótima ideia! – exclamou.

Seus olhos brilhavam de empolgação. Jack não compartilhava daquela alegria. Na verdade, se sentia acabrunhado e fazia um grande esforço para que os outros não percebessem. O médico agia como se a sua sugestão fosse perfeitamente natural.

– Quando você pode pegar a jarra? – perguntou Felise a Jack.

– Amanhã – respondeu ele, hesitante.

Jack já não podia voltar atrás e, para manter a calma, precisava reprimir com todas as forças a lembrança angustiante daquele grito de socorro que vinha lhe assombrando todas aquelas manhãs.

Na noite seguinte, ele foi até a casa do tio e apanhou a jarra azul. Quando a viu, ficou ainda mais convencido de que era idêntica àquela pintada em aquarela no retrato, mas não foi capaz de encontrar qualquer fundo falso, por mais que a examinasse.

Eram onze horas quando ele e Lavington chegaram ao chalé. Felise os esperava e abriu silenciosamente a porta antes de eles terem tempo de bater.

– Entrem – murmurou ela. – Meu pai está dormindo no andar de cima e não quero acordá-lo. Fiz um café para vocês.

Ela conduziu-os até a pequena e acolhedora sala de estar. Uma espiriteira fora deixada na lareira e, inclinando-se sobre ela, a moça serviu para eles um pouco de café.

Jack desempacotou a jarra chinesa que protegera sob diversas camadas de papel. Quando bateu os olhos no objeto, Felise abriu involuntariamente a boca.

– Sim, sim! – exclamou ela de repente, em voz baixa, mas emocionada. – É essa mesma, tenho certeza!

Enquanto isso, Lavington ia preparando a sala. Ele retirou todos os enfeites de uma mesinha e colocou-a no centro da peça. Ao redor dela, ajeitou três cadeiras. Depois disso, pegou de Jack a jarra azul e deixou-a no centro da mesa.

– Agora – disse ele – estamos prontos. Apague as luzes. Ficaremos sentados ao redor dessa mesa.

Jack e Felise obedeceram.

No escuro, a voz de Lavington falou novamente:

– Não pensem em nada, ou deixem o pensamento seguir seu próprio rumo. Não forcem a mente. É possível que um de nós tenha capacidades mediúnicas. Se assim for, essa pessoa vai entrar em transe. Lembrem-se de que não há nada a temer. Mantenham o coração livre do medo e deixem-se levar, levar...

A voz dele foi se esvaindo, e fez-se silêncio. A cada minuto que passava, o silêncio parecia crescer e se intensificar de novas possibilidades. Para Lavington, era relativamente fácil afastar o medo, mas não era medo o que Jack sentia. Ele estava em pânico. E tinha certeza de que Felise sentia o mesmo. De repente, ele ouviu a voz dela, um sussurro aterrorizado:

– Alguma coisa horrível vai acontecer. Estou sentindo.

– Não se deixe dominar pelo medo. Não lute contra a influência.

A sala parecia ter ficado mais escura, e o silêncio mais pungente. Aquilo que os ameaçava estava cada vez mais próximo.

Em vão Jack tentou conter os tremores que tomaram conta do seu corpo quando sentiu ao lado a presença de uma força.

Mas de repente a tensão se aliviou e, de olhos fechados, ele foi invadido por uma paz estranha que o levou pelo escuro como uma torrente...

II

Quando Jack voltou a si, sua cabeça estava pesada, pesada como chumbo. Que lugar era aquele?

O calor do sol lhe envolvia o corpo e, ao olhar para o céu, enxergou alguns pássaros.

Foi então que se lembrou da sessão, da salinha, de Felise e do médico. O que acontecera?

Sentou-se e olhou ao redor, com a cabeça latejando.

Ele estava no bosque, perto do chalé, sozinho. Ao consultar o relógio, descobriu espantado que era meio-dia e meia.

Jack fez um grande esforço para se levantar e correu o mais rápido que pôde na direção do chalé. Deviam ter se assustado com o fato de ele não sair do transe, e por isso levaram-no para fora, ao ar livre.

Chegando ao chalé, ele bateu com força na porta. Ninguém respondeu. Era como se não estivessem ali. Deviam ter ido buscar ajuda. Ou talvez... uma sensação esquisita e desagradável tomou conta do seu corpo. O que acontecera durante a noite?

Voltou ao hotel o mais rápido que pôde. Quando se dirigiu ao escritório, a fim de fazer algumas perguntas, recebeu uma formidável pancada nas costas que quase o atirou no chão. Ao virar-se indignado, deu de cara com um velho de cabelos brancos que sorria divertido.

– Não me esperava por aqui, meu jovem? – perguntou o sujeito.

– Ora, tio George! Imaginava que estivesse a quilômetros de distância, quem sabe talvez na Itália...

– Ah... mas eu não estava. Cheguei em Dover ontem à noite. Pensei em dirigir até a cidade, e resolvi dar uma passada aqui para vê-lo. E o que foi que descobri? A noite toda na rua, hein? Arrá!

– Tio George – protestou Jack, com veemência –, tenho uma história extraordinária para lhe contar. O senhor não vai acreditar...

– Acho que não vou mesmo... – disse o velho, rindo. – Mas tente, meu rapaz.

– Antes preciso comer alguma coisa. Estou morto de fome.

Jack saiu à frente na direção da sala de jantar e, em meio à refeição reforçada, contou a sua história.

– E sabe-se lá o que foi que aconteceu com eles...

O tio estava à beira de um ataque de apoplexia.

– A jarra! – conseguiu dizer finalmente, depois de um grande esforço. – A jarra azul! Onde foi parar?

Jack arregalou os olhos, espantado, e submergiu à torrente de palavras pronunciadas pelo tio:

– Peça única na minha coleção! Porcelana Ming autêntica, valendo no mínimo dez mil libras! Praticamente um presente de Hoggenheimer, o milionário americano! No mundo todo, não há nada igual! Mas o que foi que você fez com a minha jarra azul?

Só então Jack começou a entender a situação. Ele deixou a sala correndo. Era preciso encontrar Lavington.

A jovem que atendia no escritório olhou para ele friamente.

– O dr. Lavington deixou o hotel ontem, tarde da noite, e pediu que entregassem esse bilhete ao senhor.

Jack desdobrou o papel na frente dela. A mensagem ia direto ao ponto:

Meu caro jovem,
Chegamos enfim ao momento em que o sobrenatural é desbancado ou não?
Fantasiado em jargão científico, ele se renova.
Abraço caloroso de Felise, do seu pai doente, e meu mesmo.
Temos doze horas de vantagem, que precisamos aproveitar bem.

Cordialmente,
Ambrose Lavington,
Médico da alma.

O ESTRANHO CASO DE SIR ARTHUR CARMICHAEL

(Tirado das notas do falecido dr. Edward Carstairs, eminente psicólogo)

I

Sei muito bem que há duas formas distintas de entender os estranhos e trágicos acontecimentos que vou narrar a seguir. A minha opinião é uma só. Pediram que eu contasse a história em todos os seus detalhes, e de fato penso que, para o bem da ciência, fatos estranhos e inexplicáveis como esses não devem cair no esquecimento.

Entrei em contato com o caso através do telegrama de um amigo, o dr. Settle. Nesse telegrama já vinha mencionado o nome Carmichael, mas de resto muito pouca coisa era explicitada. Atendendo ao chamado do meu amigo, peguei o trem das 12h20 de Paddington a Wolden, em Hertfordshire.

Eu já tinha ouvido falar de Carmichael. Eu chegara a conhecer o falecido sir William Carmichael de Wolden, apesar de que em onze anos nunca mais o vira. Sabia que ele tinha um filho, o atual barão, que deveria agora ser um jovem de 23 anos. Lembrava-me de ter ouvido rumores sobre o segundo casamento de sir William, mas nada além de uma referência depreciativa à segunda lady Carmichael.

Settle esperava por mim na estação.

– Que bom que você veio – disse ele, estendendo a mão.

– Entendo que se trata de um caso na minha área?

– Exatamente.

– Um caso envolvendo a mente de uma pessoa? Com consequências estranhas? – arrisquei.

Naquele momento já tínhamos apanhado a minha bagagem e sentávamos numa dessas carruagens de duas rodas, que nos levaria da estação até Wolden, a uns cinco quilômetros de distância. Settle ficou um minuto ou dois em silêncio, então de repente respondeu à minha questão:

– É um caso incompreensível! Trata-se de um jovem de 23 anos, normal sob todos os aspectos. Um jovem simpático, menos pretensioso do que a maioria na idade dele, cuja inteligência não chega a ser brilhante, mas está acima da média da maioria dos jovens da classe alta britânica. Certa noite, estando em perfeito estado de saúde, vai dormir e na manhã seguinte é encontrado vagando pela cidade como um retardado, incapaz de reconhecer quem quer que seja.

– Ah! – disse eu, curioso. – O caso parece mesmo interessante. Perda completa da memória? E quando foi que isso ocorreu?

– Ontem pela manhã. Dia 9 de agosto.

– E você não tem conhecimento de nenhum choque que possa tê-lo levado a esse estado?

– Não. Aparentemente, nada aconteceu.

Fiquei desconfiado.

– Você está me escondendo alguma coisa?

– Hum... não...

A hesitação dele confirmou as minhas suspeitas.

– É preciso que me conte tudo.

– O que vou lhe contar nada tem a ver com Arthur, mas com a casa.

– Com a casa? – repeti, surpreso.

– Você tem lidado com casos assim, não é verdade, Carstairs? Você tem estudado fenômenos das chamadas casas mal-assombradas... Qual é a sua opinião a respeito?

– De cada dez casos, nove são fraudes – respondi. – Mas quanto ao décimo caso... bem, tenho visto coisas que são absolutamente inexplicáveis sob um ponto de vista materialista. Eu acredito em fenômenos ocultos.

Settle concordou com a cabeça. Naquele momento adentrávamos os portões da propriedade. Ele apontou com o chicote para uma velha mansão pintada de branco, que ficava ao pé de uma colina.

– Aquela é a casa – disse ele. – E há alguma coisa nela. Alguma coisa estranha e perigosa. Todos sentimos isso... E não sou um homem supersticioso.

– E que forma essa coisa assume quando se manifesta? – perguntei.

Ele levantou o rosto, olhou fixamente para o horizonte e disse:

– Prefiro não dizer nada. Não quero influenciá-lo. Assim, se você vir alguma coisa, é porque realmente existe algo.

– Sim, é melhor dessa forma. Mas gostaria que você me contasse um pouco mais sobre a família.

– Sir William – disse Settle – foi casado duas vezes. Arthur é filho da primeira esposa. Nove anos depois ele casou de novo, e da lady Carmichael atual não sabemos muita coisa. Ela é só metade inglesa; tem sangue asiático, imagino.

Ele fez uma pausa.

– Settle – disse eu –, você não gosta de lady Carmichael.

Ele admitiu sem rodeios.

– É verdade, não gosto dela. Ela tem algo de sinistro... Bem, continuando, com essa segunda esposa, sir William teve outro filho, que está agora com oito anos de idade. Sir William morreu três anos atrás, e Arthur herdou a propriedade e o título. Ele vive em Wolden com a madrasta e o meio-irmão. Devo dizer-lhe que a propriedade já não significa quase nada em termos financeiros. Ela consome praticamente toda a renda de Arthur. Também não foi muito o que sir William deixou à esposa, mas Arthur se dá muito bem com a madrasta e viu com bom olhos a permanência dela na casa. Acontece que...

– Sim?

– Há dois meses, Arthur se envolveu com uma bela jovem, a srta. Phyllis Patterson.

Ele fez uma pausa e em seguida acrescentou em voz baixa:

– Deveriam se casar daqui a um mês. Ela está morando na casa. Você pode imaginar como ficou abalada...

Concordei com a cabeça sem nada dizer.

Nos aproximávamos da casa. À nossa direita, o gramado se estendia indefinidamente sobre o terreno que ia perdendo a inclinação. Não muito distante, vi uma figura encantadora caminhando na direção da casa. Era uma jovem carregando uma cesta de rosas. Como estava sem chapéu, o sol acentuava extraordinariamente o brilho dos seus cabelos loiros. Um gato persa de cor cinza se enroscava preguiçoso ao redor das suas pernas, conforme ela andava.

Curioso, olhei para Settle.

– É a srta. Patterson – disse ele.

– Coitadinha. Que figura ela faz com aquelas rosas e o gato!

Ouvi um ruído e virei-me subitamente para o meu amigo. As rédeas tinham escapado das suas mãos, e seu rosto estava pálido.

– Mas o que foi? – perguntei.

Foi preciso um tempo para que ele se recuperasse.

Dali a um ou dois minutos, entrávamos na casa, e eu o seguia até o salão verde onde serviam o chá.

Ao entrarmos, uma mulher de meia-idade, que não havia perdido a beleza, levantou-se da mesa e caminhou na nossa direção com a mão estendida.

– Lady Carmichael, gostaria de apresentar-lhe meu amigo, dr. Carstairs.

É difícil eu descrever a repulsa instintiva que tomou conta de mim quando segurei a mão dessa mulher charmosa e imponente, cujo andar lânguido imediatamente me fez lembrar a referência de Settle ao seu sangue oriental.

– O senhor é muito bem-vindo, dr. Carstairs – disse ela, numa voz melodiosa de contralto. – Agradecemos imensamente por sua disponibilidade em nos ajudar.

Dei uma resposta mais ou menos formal, e ela me alcançou uma xícara de chá.

Em poucos minutos, a moça que eu vira do lado de fora, no gramado, entrou na sala. O gato já não a acompanhava, mas ela ainda carregava a cesta com as rosas. Settle deu meu nome a ela, que não conseguiu conter a emoção:

– Ah, dr. Carstairs! O dr. Settle nos falou tanto do senhor! Tenho fé de que vai conseguir fazer alguma coisa pelo nosso pobre Arthur.

A srta. Patterson era certamente uma jovem muito bonita, apesar das bochechas pálidas e das olheiras que cercavam os seus olhos francos.

– Minha jovem – disse eu para animá-la –, de fato não há motivo para desespero. Esses casos de perda de memória, de mudança de personalidade, em geral duram pouco tempo. A qualquer momento, o paciente pode voltar a si.

Ela sacudiu a cabeça numa negativa.

– Mas não creio que esse seja um caso de mudança de personalidade – disse ela. – Não se trata de outra personalidade. Esse jovem simplesmente não é Arthur! Eu...

– Phyllis, querida – disse lady Carmichael, com sua voz envolvente –, aqui está o seu chá.

E a maneira como ela pousou os olhos na moça revelou-me que não tinha o maior dos apreços pela futura nora.

A srta. Patterson recusou o chá, e eu perguntei, para aliviar a tensão do momento:

– Não vão dar um pouco de leite ou uma bolacha ao gatinho?

Ela olhou para mim de um modo estranho.

– Gatinho?

– Aquele que estava com a senhorita no jardim.

Fui interrompido por um barulho. Lady Carmichael tinha derrubado o bule, e a água quente escorria pela mesa, pingando no chão. Tentei remediar a situação levantando um pouco a toalha. Phyllis Patterson olhou inquisitivamente para Settle. Ele se levantou.

– Você não gostaria de ver o nosso paciente agora, Carstairs?

Num piscar de olhos eu o seguia. A srta. Patterson vinha conosco. Subimos ao primeiro andar, e Settle tirou uma chave do bolso.

– Às vezes ele se põe a caminhar sem rumo – explicou. – É por isso que normalmente tranco a porta quando saio da casa.

Ele girou a chave na fechadura e entrou.

O jovem estava sentado no parapeito da janela, em cujo vidro batiam os últimos raios do sol poente. Curiosamente, ele não se mexia. Estava encolhido, mas os músculos se mantinham relaxados. No início pensei que ele não percebera a nossa entrada, até que me dei conta de que nos observava por trás das pálpebras imóveis. No momento em que seus olhos encontraram os meus, ele piscou, mas permaneceu parado.

– Venha até aqui, Arthur – disse Settle, para animá-lo. – A srta. Patterson e um amigo meu vieram fazer-lhe uma visita.

O jovem apenas piscou e continuou sentado no parapeito. Mas, por um momento ou dois, percebi de novo que ele nos observava furtivamente.

– Não vai querer o seu chá? – perguntou Settle em voz alta, como se falasse com uma criança.

Ele colocou na mesa um copo cheio de leite. Surpreso, levantei as sobrancelhas, e Settle sorriu.

– Engraçado – disse ele –, a única coisa que este rapaz bebe é leite.

Depois de um breve momento, sem se apressar, sir Arthur foi como que se desenrolando, saindo da sua posição encolhida, até que caminhou calmamente até a mesa. Observei de imediato o quanto era silencioso. Ele não fazia qualquer barulho ao caminhar. Quando se aproximou da mesa, colocou uma perna na frente, e a outra alongou extraordinariamente para trás. Ele prolongou esse exercício o máximo que pôde, e em seguida bocejou. Eu nunca vira ninguém dar um bocejo daqueles. Era como se a boca fosse engolir o rosto todo.

Ele agora dava atenção ao copo, inclinando-se até os lábios encostarem no leite.

Respondendo ao meu olhar surpreso, Settle disse:

– Ele não utiliza as mãos. Parece que regrediu a um estado primitivo. Estranhíssimo, você não acha?

Senti que Phyllis Patterson se encolhia de encontro a mim. Coloquei solidariamente a minha mão no seu braço.

Finalmente Arthur Carmichael terminou de beber o leite e então se alongou de novo. Em seguida, com os mesmos passos silenciosos, voltou ao parapeito da janela, onde se encolheu como antes, piscando vez que outra para nós.

A srta. Patterson nos puxou até o corredor. Ela estava toda trêmula.

– Oh, dr. Carstairs – exclamou ela –, esse não é ele! Eu sei que não é ele! Não pode ser!

Sacudi a cabeça tristemente, concordando com ela.

– O cérebro nos prega peças esquisitas, srta. Patterson.

Confesso que as características incomuns do caso me deixaram confuso. Até então, eu nunca vira o jovem Carmichael, mas a maneira peculiar como ele andava, como piscava para nós, me pareceu completamente incoerente.

O jantar, naquela noite, decorreu em relativo silêncio, cabendo a mim e a lady Carmichael sustentar a conversa. Quando as mulheres se retiraram da mesa, Settle me questionou quanto à impressão que me fora causada pela anfitriã.

– Devo confessar – disse eu – que não gostei nada dela, mas não saberia explicar o motivo dessa antipatia. Você está certo quanto a ela ter sangue oriental. Eu diria que, além disso, ela tem poderes paranormais. É uma mulher de um intenso magnetismo.

Settle estava a ponto de fazer uma observação importante, mas acabou se calando. Depois de um minuto ou dois, declarou:

– Ela é muito dedicada ao filho.

Voltamos a nos reunir com as mulheres para tomar o café, servido no salão verde. Estávamos conversando sobre os acontecimentos do dia quando um gato começou a miar lastimosamente do lado de fora da porta. Como ninguém parecia tomar nenhuma atitude e gosto muito de animais, depois de um momento acabei me levantando.

– Posso deixar o coitadinho entrar? – perguntei a lady Carmichael.

Muito pálida, ela fez um gesto quase imperceptível com a cabeça, que interpretei como sendo um assentimento. Fui até a porta e a abri, mas o corredor estava vazio.

– Estranho – eu disse. – Poderia jurar que ouvi um gato.

Quando voltei a me sentar, reparei que todos me observavam. Aquilo me constrangeu.

Fomos dormir cedo. Settle me acompanhou até o quarto.

– Você tem tudo de que precisa? – perguntou ele, olhando ao redor.

– Sim, obrigado.

Settle ficou um tempo ali parado, como se quisesse me dizer alguma coisa. Resolvi ajudá-lo:

– Você me disse que havia um problema com a casa... mas até agora não notei nada de estranho.

– Você se sente à vontade aqui?

– Não, de forma alguma. Mas isso me parece normal, dadas as circunstâncias. As pessoas aqui passaram por um trauma desagradável. Mas não vejo nada de anormal na casa enquanto tal.

– Bem, então, boa noite – disse Settle, abruptamente. – E tenha bons sonhos.

Sonhar eu realmente sonhei. O gato cinza da srta. Patterson deixou uma impressão indelével no meu cérebro. Sonhei com o pobre animal praticamente a noite toda.

Acordei assustado e imediatamente me dei conta de por que o gato não me saía da cabeça. Do lado de fora do meu quarto, a criatura não parava de miar. Era impossível dormir com aquela algazarra. Acendi a minha vela e fui até a porta. O corredor estava vazio, mas os miados continuavam. Uma outra ideia então me ocorreu. O animal devia estar preso em algum lugar, de onde não conseguia sair. À esquerda do corredor, ficava o quarto de lady Carmichael. Decidi virar à direita e, depois de dar alguns passos, ouvi de repente o miado atrás de mim. Virei e o som se repetiu, bem distintamente, ao meu lado.

Alguma coisa no corredor, provavelmente uma corrente de ar, fez com que eu estremecesse e voltei sem demora ao meu quarto. Depois disso, tudo ficou em silêncio e acabei dormindo de novo para acordar, no dia seguinte, numa gloriosa manhã de verão.

Enquanto me vestia, avistei pela janela a criatura que perturbara o meu sono. O gato cinza movia-se furtivamente pelo gramado na direção, acreditei, de um bando de pássaros que chilreavam e alisavam as penas não muito longe dali.

Mas então uma coisa estranha aconteceu. O gato passou pelo meio dos pássaros, rente a alguns deles que nem por isso se moveram. O que eu via era inteiramente absurdo!

Fui incapaz de deixar de mencionar o fato durante o café da manhã.

– A senhora sabe que tem um gato muito estranho? – disse eu a lady Carmichael.

Ouvi ela raspar a xícara no pires e reparei que Phyllis Patterson olhava fixamente para mim, com a boca entreaberta e a respiração acelerada.

Houve um momento de silêncio, e então lady Carmichael disse num tom visivelmente irritado:

– Acho que o senhor está enganado. Aqui não há nenhum gato. Nunca tive gato algum.

Era evidente que eu cometera uma gafe, então mudei imediatamente de assunto.

Mas fiquei intrigado. Por que motivo lady Carmichael negava terminantemente a presença de um gato na casa? Era possível que o gato fosse da srta. Patterson, que o mantinha escondido e contra a vontade da dona da casa. Talvez lady Carmichael sentisse uma dessas estranhas antipatias por gatos que são tão comuns hoje em dia. Aquela era uma explicação esdrúxula, mas a única em que naquele momento eu conseguia pensar.

Nosso paciente continuava na mesma situação. Tive a chance de fazer nele um exame mais detido do que na noite anterior. Sugeri que passasse o máximo de tempo possível com a família. Isso me daria chance de observá-lo quando tivesse baixado a guarda. Além disso, podia ser que a rotina familiar voltasse a acender nele uma fagulha de inteligência. Mas o comportamento dele não se alterou. Era calmo e dócil, aparentemente distraído, mas na verdade intensamente atento. Em segredo, nos observava. Uma coisa certamente me surpreendeu: a afeição que demonstrava pela madrasta. A srta. Patterson ele ignorava completamente, mas procurava sempre que possível sentar-se ao lado de lady Carmichael. Numa ocasião, chegou a roçar a cabeça no ombro dela, numa demonstração tosca de carinho.

O caso me preocupava. Eu sentia que a chave para o enigma inevitavelmente escapava ao meu entendimento.

– Esse é um caso realmente estranho – disse eu a Settle.

– Sim – concordou ele. – É muito esquisito.

Tive a impressão de que ele me olhava desconfiado. Lá pelas tantas perguntou:

– O caso não o lembra de nada?

As palavras dele me causaram um certo mal-estar, semelhante ao que eu sentira já no dia anterior.

– Lembrar do quê? – perguntei.

Ele balançou a cabeça negativamente.

– Eu estava apenas imaginando... – disse ele, mas em seguida calou-se.

O caso era misterioso. E eu não conseguia me livrar da sensação desagradável de haver perdido a chave para a solução do enigma. E ainda por cima havia a história do gato cinza, que me parecia igualmente incompreensível. Por algum motivo, ela estava acabando com os meus nervos. Eu sonhava com gatos, ouvia miados a todo o momento. Me sentia observado pelo animal. Estava a ponto de enlouquecer e não tive outra alternativa senão me abrir com um criado:

– Será que você pode me explicar alguma coisa sobre o gato que eu vejo?

– O gato, senhor? – perguntou ele, como se estivesse surpreso.

– Não há, não havia nenhum gato por aqui?

– Lady Carmichael tinha um gato, senhor. Um excelente animal de estimação. Mas teve de ser sacrificado. Uma pena, era lindo.

– Um gato cinza? – perguntei com cautela.

– Sim, senhor. Um persa.

– E tiveram de matá-lo?

– Sim.

– Tem certeza de que foi mesmo morto?

– Absoluta, senhor. Lady Carmichael não permitiu que o levassem ao veterinário, mas tomou ela mesma as providências. Faz menos de uma semana. Ele está enterrado debaixo da faia-de-cobre – disse o empregado e saiu, me deixando a sós com meus próprios pensamentos.

Por que lady Carmichael afirmara taxativamente nunca ter tido um gato?

Tive a impressão de que a história do gato era importante. Encontrei Settle e chamei-o para um canto:

– Preciso falar com você, Settle. Havia ou não um gato nessa casa?

A pergunta não o surpreendeu. Era como se ele a esperasse.

– Ouvi falar a respeito, mas não o vi – disse ele.

– Mas naquele primeiro dia... no gramado, ao lado da srta. Patterson?

Ele olhou fixamente para mim.

– Vi a srta. Patterson caminhando pelo gramado, nada mais.

Comecei a entender.

– Mas então o gato...

Ele fez que sim com a cabeça.

– Meu objetivo era confirmar se você ouviria, espontaneamente e sem saber de nada, o que todos nós ouvíamos.

– Então vocês o escutam?

Ele moveu a cabeça afirmativamente.

– É estranho... – murmurei depois de um tempo. – Nunca ouvi falar de gatos assombrando casas.

Contei a ele o que o criado me contara, e ele se mostrou surpreso.

– Isso é novidade pra mim. Não sabia nada a respeito.

– E o que você acha que significa? – perguntei, perplexo.

Ele deu de ombros.

– Só Deus sabe! Mas vou dizer-lhe uma coisa, Carstairs. Estou com medo. A voz da coisa parece ameaçadora.

– Ameaçadora? – perguntei, espantado. – Ameaçadora para quem?

Ele lançou os braços para o ar.

– Não sei dizer.

Foi só depois do jantar, naquela noite, que compreendi o sentido do que ele dizia. Estávamos no salão verde, como na noite da minha chegada, quando tudo começou: um gato miava alto e insistente do lado de fora da porta. Mas dessa vez ele estava mesmo brabo. Ouvíamos um miado feroz e ameaçador, demorado. E, quando ele finalmente cessou, garras afiadas rasparam violentamente de encontro à porta.

Settle levou um susto.

– Poderia jurar que é real! – exclamou.

Ele correu até a porta e abriu-a de supetão.

Não havia nada lá.

Ele retornou com o semblante amuado. Phyllis estava pálida e trêmula, lady Carmichael branca como um fantasma. Somente Arthur, de cócoras como uma criança, com a cabeça pressionada contra o joelho da madrasta, continuava calmo e imperturbável.

Dei o braço à srta. Patterson e subimos ao outro andar.

– Ah! Dr. Carstairs – gritou ela –, qual o sentido disso tudo?

– Ainda não sabemos, minha jovem – disse eu. – Mas vamos descobrir. Estou convencido de que a senhorita não corre perigo.

Ela me olhou desconfiada.

– E o que o faz pensar assim?

– Uma intuição – respondi, convicto, lembrando-me da maneira como o gato cinza se enroscava ao redor dos seus pés. Com certeza a ameaça não se dirigia a ela.

Eu estava caindo de sono e acabei cochilando sem me dar conta. Acordei um pouco depois com o barulho de algo sendo violentamente arranhado ou rasgado. Tomei um susto e pulei da cama. Fui até o corredor e encontrei Settle, que também havia saído do seu quarto, logo em frente ao meu. O som vinha da nossa esquerda.

– Você ouviu, Carstairs? Você ouviu?

Corremos na direção do quarto de lady Carmichael. Não vimos nada, mas o barulho havia parado. As chamas das nossas velas se refletiam na superfície polida da porta de lady Carmichael. Olhávamos um para o outro.

– Você sabe o que era? – sussurrou ele.

Confirmei com a cabeça.

– As garras de um gato arranhando e rasgando alguma coisa.

Senti um arrepio, baixei a vela e exclamei:

– Ali, Settle!

Uma cadeira que ficava encostada mais adiante na parede estava com o assento todo arranhado e rasgado em longas tiras.

Nos aproximamos e olhamos de perto. Ele olhou para mim e disse:

– Garras de um gato, com certeza.

Ele suspirou fundo, e seus olhos se moveram da cadeira à porta fechada do quarto.

– Ali dentro está a pessoa a quem se dirige a ameaça. É para lady Carmichael! – acrescentou.

Naquela noite, não consegui mais dormir. Aquilo já tinha passado dos limites, precisávamos tomar uma atitude. Na minha opinião, só uma pessoa poderia nos ajudar a entender aquela situação: a própria lady Carmichael, que sabia mais do que nos dissera.

Ao descer para o café na manhã seguinte, ela estava mais pálida do que nunca e apenas brincou com a comida no prato. A minha impressão era a de que ela fazia um grande esforço para não se descontrolar. Ao levantarmos da mesa, pedi para falar com ela e fui direto ao ponto:

– Lady Carmichael, tenho razões para acreditar que a senhora corre um grande perigo.

– É mesmo? – perguntou ela, indiferente.

– Há nesta casa uma coisa... uma presença que é obviamente hostil à senhora.

– Mas que absurdo – murmurou ela, debochada. – Como se eu acreditasse nesse tipo de coisa...

– Ontem à noite, o assento da cadeira no corredor, do lado de fora do seu quarto – observei friamente –, foi destruído.

– Foi?

Com as sobrancelhas muito erguidas, ela fingia estar surpresa, mas tive certeza de que eu não lhe revelara nenhuma novidade.

– Certamente uma brincadeira de mau gosto – acrescentou ela.

– Não foi nenhuma brincadeira – corrigi, preocupado. – E quero que a senhora me diga, para o seu próprio bem... – fiz uma pausa.

– Que lhe diga o quê?

– Qualquer coisa que nos ajude a entender o caso – disse em tom sério.

Ela soltou uma gargalhada.

– Eu não sei de nada. Nada!

E nenhuma advertência foi capaz de fazê-la reconsiderar a sua afirmação. Mas eu continuava convencido de que ela sabia muito mais do que qualquer um de nós e tinha a chave para a solução do enigma. Só que era mesmo impossível arrancar dela uma palavra que fosse sobre o assunto.

Eu me sentia na obrigação de tomar todas as precauções possíveis para impedir que algum mal lhe acontecesse, convencido que estava de que ela enfrentava uma ameaça real e iminente. Naquela noite, antes de ela ir se deitar, Settle e eu demos uma busca no quarto. Depois disso, dividimos a noite em dois turnos, a fim de que eu e ele pudéssemos ficar de guarda no corredor, revezando-nos.

O primeiro turno, até as três horas, coube a mim e decorreu sem qualquer incidente. Eu já estava bastante cansado por não dormir na noite anterior e, assim que Settle veio me substituir, voltei imediatamente para o quarto e caí no sono. Tive um sonho engraçado.

Sonhei que um gato cinza estava sentado nos pés da minha cama, e que me olhava fixamente, como se pedisse alguma coisa. Era como se quisesse que eu o seguisse. Obedeci, e ele me conduziu pela escada até o andar de baixo, e depois até a ala do outro lado da casa, onde entramos numa sala que era obviamente a biblioteca. Ele parou diante de uma das estantes de livros e ergueu as patas dianteiras sobre uma prateleira baixa, me olhando de novo como se pedisse algo.

Então, subitamente, o gato e a biblioteca desapareceram no ar. Quando acordei, já era de manhã.

O turno de Settle também decorreu tranquilo. Mas Settle se mostrou vivamente interessado pelo meu sonho. Pedi que me levasse até a biblioteca, e constatei que correspondia ponto por ponto à visão que eu tivera dela em sonho. Não tive dificuldade para indicar o lugar exato de onde o gato me lançara o seu último olhar melancólico.

Detivemo-nos por ali um tempo, refletindo. De repente me ocorreu uma ideia, e me inclinei a fim de ler os títulos dos livros que ficavam naquele lugar. Notei que um livro estava faltando.

– Está faltando um livro – disse eu para Settle.

Ele também se inclinou.

– Veja só. Um pedaço de uma folha ficou preso na ponta de um prego aqui embaixo.

Com cuidado, ele retirou o fragmento de papel da base da prateleira. Não era mais que um canto da folha, mas trazia impressas duas palavras significativas: "O gato...".

– Mas que horror! – disse Settle. – É muito esquisito...

– Precisamos descobrir que livro estava aqui. Você acha que há um jeito de sabermos?

– Talvez haja um catálogo. Vamos falar com lady Carmichael...

Sacudi a cabeça numa negativa.

– Ela não vai nos dizer nada.

– Você acha?

– Tenho certeza. Ela sabe de alguma coisa e até agora não se prestou a colaborar. Prefere correr todos os riscos sozinha a abrir a boca.

O dia decorreu tão tranquilo que mais parecia a bonança antes da tempestade. E eu tinha a estranha intuição de que o enigma estava prestes a se resolver. Tateávamos no escuro, mas em breve a luz se acenderia. Os fatos estavam todos lá, prontos para se revelarem a quem soubesse juntá-los de forma correta.

E a hora chegou, pegando-nos de surpresa!

Estávamos sentados no salão verde, como sempre, depois do jantar. Estávamos em silêncio. E, de fato, o silêncio era tal que um ratinho se atreveu a correr pelo chão, atravessando a peça de uma ponta à outra, e foi nesse instante que tudo aconteceu.

Arthur Carmichael deu um pulo da cadeira onde estava, colocando-se imediatamente no rastro do animal, que desapareceu atrás de um lambri. Agachado e atento, Arthur tremia de excitação.

Eu já não tinha mais dúvidas quanto ao significado do comportamento do jovem. Subitamente, fui capaz de compreender seus passos furtivos e suas olhadelas escusas. Só havia uma conclusão a ser tirada daquela cena, por mais absurda e inacreditável que parecesse. Quanto mais eu me esforçava por negá-la, mais a conclusão se impunha ao meu pensamento.

Do que aconteceu depois eu não me lembro direito. As lembranças que tenho são confusas e irreais. Não me lembro sequer de ter dado boa-noite aos outros antes de subir para o quarto. Evitávamos nos encarar, a fim de não termos confirmados os nossos piores receios.

Settle ficou de guarda do lado de fora do quarto de lady Carmichael, assumindo o primeiro turno da vigilância. Às três da manhã, ele me chamaria para assumir o seu lugar, mas eu já não me preocupava mais com lady Carmichael. Deixara-me simplesmente fascinar pela teoria absurda que eu encontrara para explicar todos aqueles fatos.

E então o silêncio da noite se quebrou. A voz de Settle se ergueu num grito, chamando por mim. Corri até o corredor.

Com todas as forças, ele esmurrava a porta do quarto de lady Carmichael.

– O demônio deu um jeito de apanhá-la. Os dois estão trancados lá dentro.

– Mas...

– Está lá dentro! Com ela! Você está me ouvindo?

Atrás da porta trancada, um gato miava furioso, e aos seus miados se seguiam gritos, um mais terrível que o outro. Reconheci a voz de lady Carmichael.

– Temos de arrombar esta porta ou vai ser tarde demais! – gritei.

Juntos, nos arremessamos de ombro contra a porta, com toda a nossa força. A porta cedeu com um estrondo, e quase caímos dentro do quarto.

Lady Carmichael estava na cama, coberta de sangue. Nunca vi nada mais repugnante. O coração ainda batia, mas os ferimentos eram terríveis. A pele do pescoço estava toda rasgada.

– As garras... – murmurei, trêmulo e arrepiado.

Cuidei dos ferimentos o melhor que pude, e sugeri a Settle que nada comentasse sobre a natureza deles, especialmente com a srta. Patterson. Pedi que expedissem o mais depressa possível um telegrama meu ao hospital, solicitando a vinda de uma enfermeira.

A aurora começava a se insinuar pela janela. Olhei para o gramado.

– Vista-se e venha comigo – falei a Settle abruptamente. – Lady Carmichael vai ficar bem.

Em pouco tempo ele estava pronto, e fomos os dois até o jardim.

– O que vamos fazer? – perguntou ele.

– Desenterrar o corpo do gato – disse eu, sem delongas. – Preciso me certificar de que...

Encontrei uma pá no galpão, e começamos a cavar debaixo da faia-de-cobre. Por fim, achamos o que queríamos. Não foi uma descoberta agradável. O animal estava morto há uma semana. Mas foi o bastante para me convencer.

– Este é o gato – eu disse. – É idêntico ao que vi quando cheguei aqui.

Settle cheirou o ar próximo à tumba. Um cheiro amargo de nozes ainda era perceptível.

– Ácido prússico – disse ele.

Assenti com a cabeça.

– O que você acha? – perguntou ele.

– O mesmo que você!

Minhas suposições não o surpreenderam. Ele provavelmente pensava o mesmo que eu.

– É impossível – murmurou. – Contraria tudo o que sabemos sobre a natureza...

Um estremecimento fez com que se calasse. Em seguida acrescentou:

– Aquele rato ontem à noite... Mas... Que coisa mais estranha!

– Lady Carmichael – disse eu – é uma mulher estranha. Ela tem poderes paranormais, hipnóticos. Seus antepassados vêm do Oriente. E se ela fez uso desses poderes com uma criatura fraca e sugestionável como Arthur Carmichael? Lembre-se, Settle, enquanto Arthur Carmichael permanecer um completo imbecil inteiramente submisso à madrasta, a propriedade fica nas mãos dela e do filho, que você me disse que ela adora. Arthur estava quase se casando!

– Mas o que podemos fazer, Carstairs?

– Nada – respondi. – Mas faremos o possível para evitar que a situação se deteriore ainda mais.

Aos poucos, o estado de saúde de lady Carmichael foi melhorando. Curados, os ferimentos deixaram apenas cicatrizes que ela provavelmente carregaria até o fim da vida.

Nunca senti tanto desânimo. A força que tinha nos derrotado continuava solta, impune, e embora no momento parecesse aplacada sabíamos que ela nos concedia no máximo uma trégua. De uma coisa eu estava certo. Assim que lady Carmichael estivesse em condições de se mudar, devia ser levada para longe de Wolden. Havia uma chance de que os fenômenos não a acompanhassem.

Os dias passaram e marquei a mudança de lady Carmichael para 18 de setembro. Foi na manhã do dia 14 que a virada inesperada aconteceu.

Eu estava na biblioteca discutindo com Settle detalhes do caso de lady Carmichael quando uma criada entrou alarmada na peça:

– Senhor, por favor, rápido! O sr. Arthur... ele caiu no lago. Foi ele colocar o pé no barco, para o barco deslizar. Ele perdeu o equilíbrio e caiu. Vi tudo da janela.

Fiquei por um momento paralisado, mas em seguida deixei correndo a sala, seguido de Settle. Phyllis estava do lado de fora e já tinha ouvido a história da criada.

– Não é preciso se preocupar – disse ela. – Arthur nada muito bem.

Mas eu tinha um mau pressentimento e acelerei o passo. A superfície do lago estava calma. O barco, vazio, estava à deriva um pouco além da margem, e não havia qualquer sinal de Arthur.

Settle tirou o casaco e as botas.

– Vou entrar – disse ele. – Pegue o outro barco e veja se com o cabo consegue pescar alguma coisa. O lago não é muito profundo.

Perdemos muito tempo procurando. Os minutos corriam. Quando estávamos prestes a desistir, encontramos o corpo de Arthur Carmichael, aparentemente sem vida, e o trouxemos para fora.

Nunca vou esquecer a agonia estampada no rosto de Phyllis.

– Impossível... – murmurava ela, sem poder acreditar.

– Acalme-se, vamos dar um jeito de reanimá-lo.

A verdade é que eu já não tinha muitas esperanças. O rapaz ficara debaixo d'água por mais de meia hora. Pedi a Settle que fosse até a casa buscar cobertores e comecei eu mesmo a fazer a respiração artificial.

Fizemos tudo que era possível por mais de uma hora, sem conseguir obter dele qualquer sinal de vida. Pedi a Settle que assumisse o meu lugar, e me dirigi a Phyllis.

– Receio que já não seja possível fazer mais nada...

Ela ficou calada por um momento, e então se atirou sobre o corpo:

– Arthur! Arthur! Acorde, acorde! – exclamava em desespero.

A voz dela foi minguando até o silêncio. De repente, toquei o braço de Settle.

– Olhe! – eu disse.

Um pouco de cor tinha voltado ao rosto do afogado. Coloquei a mão sobre o seu peito.

– Continue com a respiração! – exclamei. – Ele está voltando a si.

O tempo voava. Em um momento ou dois, ele abria os olhos.

Imediatamente pude perceber a diferença. Aqueles eram olhos inteligentes, olhos humanos.

Eles se detinham em Phyllis.

– Phyllis – murmurou o jovem. – É você? Achei que só viesse amanhã.

Ela não conseguia responder e apenas sorria. Ele olhava espantado ao redor de si.

– Onde estou? Mas o que aconteceu comigo? Dr. Settle!

– Você quase se afogou, foi isso o que aconteceu – disse Settle, irritado.

Sir Arthur deu um sorriso amarelo.

– Mas o que houve? Eu estava sonâmbulo? Sempre me disseram que poderia voltar a acontecer...

Settle concordou com a cabeça.

– Temos de levá-lo para dentro de casa – disse eu.

O jovem arregalou os olhos para mim, e Phyllis me apresentou:

– Este é o dr. Carstairs, que está passando uma temporada conosco.

Ele apoiou um braço em mim e outro em Settle, e o carregamos assim até dentro de casa. Ao chegar lá, como se tomado subitamente por uma ideia, ele perguntou:

– Até o dia 12 estarei bem de novo, certo?

– Você se refere ao dia 12 de agosto?

– Sim, a próxima sexta-feira.

– Hoje é 14 de agosto – declarou Settle.

A surpresa do rapaz era evidente.

– Mas... eu pensava que hoje era dia 8! Por acaso estive doente?

Phyllis intercedeu rapidamente, com sua voz suave:

– Sim, você não esteve nada bem.

Arthur franziu o cenho.

– Não consigo entender. Parecia estar tudo certo comigo quando me deitei ontem à noite. A menos que não tenha sido ontem à noite. De fato, me lembro de alguns sonhos. Sonhei que...

Ele franziu o cenho ainda mais.

– Alguma coisa... O que era? Alguma coisa horrível. Alguém me fez alguma coisa, e eu estava muito brabo, furioso... Depois sonhei que era um gato, sim, um gato! Que coisa mais engraçada! Na verdade, o sonho não era nada engraçado, mais parecia um pesadelo. Não consigo lembrar... é como se tivesse sido apagado da minha memória.

Coloquei a mão no seu ombro.

– Às vezes, o melhor é mesmo esquecer... – disse eu, gravemente.

Ele arregalou os olhos para mim e depois assentiu com a cabeça. Phyllis suspirou aliviada. Havíamos chegado na casa.

– Mudando de assunto – disse sir Arthur –, e minha mãe, onde está?

– Ela também andou doente – disse Phyllis, depois de uma pausa.

– É mesmo? Coitada! – disse ele, num tom realmente comovido. – Onde ela está? No quarto?

– Sim – disse eu. – Mas é melhor deixá-la descansar...

Eu mal terminara de dizer aquelas palavras quando a porta da sala de estar se abriu e lady Carmichael, vestindo um longo robe, apareceu no saguão.

Ela olhava fixamente para Arthur e pôs a mão na garganta. O horror que emanava do seu rosto era quase inumano. Parecia cair sobre ela uma sentença inexorável.

Sem se dar conta da situação, Arthur avançou na sua direção.

– Olá, mãe! Me disseram que a senhora também andou doente... sinto muito.

Diante dele, ela recuou, arregalando os olhos. E então, de repente, com um grito desolado de horror, lady Carmichael desabou para trás, na direção da porta.

Corri e me inclinei sobre ela, depois fiz um sinal a Settle.

– Leve-os para cima, por favor, e depois volte aqui. Lady Carmichael está morta.

Settle retornou depois de alguns minutos.

– Mas o que foi? O que aconteceu?

– Um choque – disse eu. – A visão de Arthur recuperado foi demais para ela. Ou podemos dizer que foi uma espécie de justiça divina.

– Você quer dizer...

Olhei fixamente nos olhos dele e declarei:

– Uma vida pela outra.

– Mas...

– Foi um acidente que permitiu ao espírito de Arthur Carmichael retornar ao seu antigo corpo. Ele havia sido assassinado.

Settle me olhou receoso.

– Com ácido prússico? – perguntou ele em voz baixa.

– Sim – respondi. – Com ácido prússico.

II

Settle e eu nunca revelamos o que sabíamos. Ninguém acreditaria. O parecer oficial foi o de que Arthur Carmichael sofrera uma perda de memória, e lady Carmichael dilacerara a própria garganta durante um ataque histérico. O gato cinza não passaria de imaginação.

Dois fatos permanecem indubitáveis para mim. Primeiro, a cadeira com o assento destruído, no corredor. O outro fato é ainda mais significativo. O catálogo da biblioteca acabou sendo encontrado depois de uma exaustiva procura, e descobriu-se que o livro que estava faltando era um antigo e curioso volume sobre a possibilidade de metamorfosear seres humanos em animais!

Outra coisa. Fico feliz em poder dizer que Arthur nunca soube de nada. Phyllis guardou o segredo daquelas semanas consigo mesma. Estou certo de que jamais vai revelá-lo ao marido. E a voz que agora se cala é a mesma que outrora, com gritos desesperados, o arrancou das garras da morte.

O CHAMADO DAS ASAS

I

A primeira vez que Silas Hamer o ouviu foi numa noite fria de fevereiro. Ele e Dick Borrow estavam voltando de um jantar na casa de Bernard Seldon, o psiquiatra. Borrow estivera por um bom tempo em silêncio, e Silas Hamer, estranhando o comportamento do amigo, perguntou-lhe no que estava pensando. A resposta de Borrow foi inesperada.

– De todos esses homens que encontramos hoje à noite, somente dois podem se dizer felizes. E esses dois, por mais estranho que pareça, somos eu e você.

Era mesmo estranho. Para começar, porque os dois eram muito diferentes um do outro: Richard Borrow, o pároco dedicado; Silas Hamer, o homem elegante e complacente, cuja fortuna era conhecida de todos.

– Engraçado... Acho que você é o único milionário feliz que conheço.

Hamer ficou em silêncio por um momento. Quando falou, foi num outro tom:

– Já fui um menino mirrado que circulava pelas ruas tremendo de frio para vender jornais. Naquela época eu queria, e agora consegui, o conforto, não o poder proporcionado pela riqueza. Eu queria dinheiro não para brandi-lo como uma força, mas para gastá-lo dispendiosamente... comigo mesmo! Não tenho por que negar nada disso. Se diz que o dinheiro não compra tudo, e é verdade. Mas pode comprar tudo o que eu desejo, e assim me basta. Sou um materialista, Borrow, um materialista convicto!

O fulgor da rua bem iluminada confirmava a fé professada por ele. A elegância insinuante do corpo de Silas Hamer era reforçada por seu imponente casaco de pele, assim como o viço das suas bochechas carnudas parecia exaltado pelo brilho das lâmpadas. O contraste não podia ser maior entre ele e Dick Borrow, com seu rosto magro e olhos tão penetrantes quanto frios.

– É o seu comportamento que eu não entendo – declarou Hamer.

Borrow sorriu.

– Vivo no meio da miséria, da falta, da fome... de todos os males da carne! E o que me mantém de pé é uma visão. Só quem acredita em visões é capaz de me entender, e reconheço que você está longe de acreditar nelas.

– Realmente, eu não acredito – admitiu Silas Hamer, impassível. – Não acredito em nada que não possa ver, ouvir e tocar.

– Entendo. Essa é a nossa diferença. Bem, até mais! Está na hora de a terra me engolir.

Estavam diante da entrada da estação subterrânea do metrô que fazia parte do caminho de Borrow até sua casa.

Hamer continuou sozinho. Ele estava feliz por ter dispensado o motorista e poder retornar a pé. O ar estava limpo e glacial, o que aguçava os sentidos e o tornava mais consciente da proteção quente proporcionada pelo casaco de pele.

Ele ficou um tempo parado no meio-fio antes de atravessar a rua. Um velho ônibus vinha balançando na sua direção, e ele esperou calmamente até que terminasse de passar. Do contrário, teria de correr, e a sensação de ter de se apressar lhe era desagradável.

Do seu lado, um triste dejeto da raça humana rolou bêbado da calçada. Hamer ouviu um grito, o brusco barulho dos freios... e em seguida, cada vez mais estupefato, ficou olhando para o amontoado flácido de farrapos que agora jazia no meio da rua.

Uma multidão surgiu de repente, junto com uma dupla de policiais, todos se aglomerando ao redor do motorista do ônibus. Fascinado e tomado de horror, Hamer não conseguia tirar os olhos daquele vulto desengonçado e sem vida que, minutos antes, não era outra coisa senão, como ele, um simples mortal! Hamer estremeceu.

– Foi culpa sua não, doutor – observou um sujeito mal-encarado ao seu lado. – Podia fazer mais nada. Era sina.

Hamer arregalou os olhos para ele. A ideia de que fosse possível salvar o mendigo nem mesmo passara pela sua cabeça. E agora ele rejeitava aquela sugestão como um absurdo. Se tivesse adiantado o passo, naquele momento ele mesmo poderia... Antes de concluir, Hamer afastou da cabeça aquele pensamento e caminhou para longe da multidão. Ele tremia dos pés à cabeça. Era impossível negar o medo, o medo terrível que a morte lhe causava... Uma morte inesperada, investindo certeira contra ricos e pobres...

Ele acelerou o passo, mas não conseguiu se livrar do medo que se apoderava dele como uma mão gelada.

Aquilo não condizia com a sua natureza. Ele não era um homem covarde. Há cinco anos, nada o assustaria daquela maneira. Mas cinco anos atrás a vida não lhe era tão prazerosa... Sim, era isso. O apego que ele agora tinha à vida. Jamais gostara tanto de viver, e por isso a morte surgia no horizonte como uma ameaça certeira, implacável!

Ele saiu da avenida e entrou numa passagem escura, entre muros altos, que servia de atalho até a quadra onde ficava a sua casa e sua inestimável coleção de obras de arte.

O barulho da avenida atrás de si foi enfraquecendo, e ele agora ouvia apenas o baque surdo dos seus próprios passos.

E então, da escuridão à sua frente, outro som emergiu. Sentado de encontro ao muro, um homem tocava flauta. Um membro dessas tribos incontáveis de músicos de rua, é claro, mas por que escolhera aquele lugar tão peculiar? Àquela hora da noite, a polícia certamente... Ao perceber que o homem não tinha pernas, Hamer se deteve em estado de choque. Duas muletas jaziam apoiadas de encontro ao muro ao seu lado. E aquilo que o homem tocava não era uma flauta, mas um instrumento estranho, que emitia notas muito mais altas e estridentes.

O homem continuou tocando, como se ignorasse a presença de Hamer. Ele tinha a cabeça lançada para trás, como se a música lhe causasse uma grande alegria, e as notas corriam rápidas uma depois da outra, cada vez mais altas...

Que melodia estranha! Estritamente falando, não era sequer uma melodia, mas um motivo não muito diferente do lento ornamento, um grupeto, feito pelos violinos em *Rienzi*, só que repetido de um tom a outro, de uma harmonia a outra, e subindo sempre com uma liberdade cada vez maior.

Hamer jamais ouvira algo como aquilo. Era uma música extravagante, inspiradora... que lhe injetava um novo tipo de ânimo... e de repente ele se viu agarrado a uma protuberância do muro abaixo de si. Ele agora só tinha consciência de uma coisa: era preciso manter-se no chão, no chão a todo custo!

E de repente a música parou. O homem sem pernas tentava alcançar as muletas. E lá estava ele, Silas Hamer, agarrado feito um lunático numa escora de pedra, pela simples razão de que ele tivera a ideia absurda de que estava a levantar voo... que a música o levava para as alturas...

Ele riu. Que ideia mais louca! É claro que seus pés não tinham saído do chão nem mesmo por um instante, mas que alucinação estranha! O rápido tac-tac de madeira no pavimento mostrou a ele que o aleijado se afastava. Hamer ficou observando-o até que a figura do homem foi tragada pela escuridão. Que sujeito mais estranho!

Hamer retomou o seu caminho sem pressa. Já não conseguia tirar da cabeça a lembrança daquela sensação impossível de estar levitando...

E então, seguindo um impulso, ele se virou e seguiu apressado na direção que o homem tinha tomado. Não era possível que tivesse ido muito longe; Hamer logo o alcançaria.

Assim que vislumbrou a figura mutilada que avançava se balançando gritou:

– Ei, espere um momento!

O homem parou, imóvel, esperando Hamer se aproximar. O aleijado estava bem debaixo de uma lâmpada que revelava as feições do seu rosto. Silas Hamer reteve a respiração, surpreso. O rosto do homem era de uma beleza absolutamente singular. Que idade ele teria? Certamente não era um garoto, mas uma das características mais marcantes dos seus traços parecia ser o vigor e uma juventude impressionantes!

Hamer não sabia como dar início à conversa.

– Olá! – disse ele confuso. – Gostaria de saber qual o nome da música que você estava tocando agora há pouco.

O homem sorriu... um sorriso que parecia contagiar tudo ao redor.

– Ah... é apenas uma velha canção. Uma canção muito velha, de séculos atrás.

Ela falava com uma clareza singular, como se acentuasse cada sílaba das palavras que dizia. Certamente não era inglês, mas Hamer não saberia dizer de onde ele vinha.

– Você não é inglês, é? Vem de onde?

Novamente, o homem sorriu.

– Venho... do outro lado do mar. Há muito tempo.

– Você deve ter sofrido um grave acidente. Foi recente?

– Já faz um tempo, senhor.

– Que azar perder as duas pernas!

– Foi como tinha de ser – disse o homem, muito calmo.

Ele olhou fixamente nos olhos de Hamer e disse com certa pomposidade:

– Não prestavam.

Hamer deu-lhe um xelim e voltou a caminhar na direção de casa. Ele estava confuso e vagamente ansioso. "Não prestavam!" Que coisa mais estranha de se dizer! Evidentemente, teria sido feita uma cirurgia por causa de uma doença, mas... que maneira mais esquisita de falar!

Hamer chegou em casa taciturno. Em vão tentou tirar o incidente da cabeça. Deitado na cama, quando começou a sentir um pouco de sono ouviu um relógio na vizinhança bater uma hora. Uma batida distinta e, depois do silêncio que se seguiu a ela, um som baixinho, familiar... Hamer reconheceu-o imediatamente e seu coração disparou. Quem tocava era o homem que ele encontrara no atalho... tocava em algum lugar não muito distante.

As notas se seguiam conforme Hamer imaginava, o lento ornamento, cativante e alegre, e logo a frasezinha que se repetia sem parar...

– Que música misteriosa – murmurou Hamer para si mesmo. – É como se tivesse asas...

Uma ondulação depois da outra, cada vez mais altas, mais luminosas, puxando-o para cima. Dessa vez, ele desistiu de lutar e se deixou levar... Para cima, para cima! As ondas sonoras carregavam-no com elas, irresistivelmente.

Cada vez mais alto, acabaram por passar os limites da audição humana, mas nem por isso deixaram de subir e subir... Haveria uma meta final? A altura perfeita?

Subindo...

Mas alguma coisa o puxou de volta, para baixo. Alguma coisa grande, pesada e insistente. Ela o puxou sem nenhum remorso, puxou-o de volta, para baixo...

Deitado na cama, ele olhava para a janela em frente. Então, respirando com dificuldade, esticou um braço para fora da cama. O gesto lhe pareceu particularmente difícil de realizar. Era como se a maciez do colchão puxasse o seu corpo para baixo. E ele se sentia oprimido pelo peso das cortinas na janela, que impediam a entrada da luz e do ar. O teto parecia ter cedido. Tenso e confuso, Hamer tentou mover-se vagarosamente sob as cobertas, mas o peso do seu próprio corpo era o que mais o atrapalhava...

II

– Preciso de um conselho, Seldon.

Seldon afastou ligeiramente a cadeira da mesa. Ele estivera se perguntando qual seria o motivo daquele jantar *tête-à-tête*. Desde o inverno quase não vira Hamer, e naquela noite pôde perceber que o amigo havia mudado de uma maneira difícil de definir.

– Estou preocupado comigo mesmo – disse o milionário.

Do outro lado da mesa, Seldon sorriu.

– Você me parece melhor do que nunca.

– Não – disse Hamer.

Depois de um momento de silêncio, acrescentou:

– Acho que estou enlouquecendo.

O psiquiatra levantou as sobrancelhas com súbito interesse. Calmamente, ele se serviu de um pouco de vinho do porto e então disse, olhando para o amigo:

– E por que você acha isso?

– Por causa de uma coisa que me aconteceu. Uma coisa absurda, inacreditável. Não pode ser verdade, eu só posso estar enlouquecendo.

– Acalme-se e conte-me que experiência foi essa.

– Eu não acredito no sobrenatural – começou Hamer. – Nunca acreditei. Mas isso que me aconteceu... Bem, é melhor que lhe conte tudo desde o início. E tudo começou no último inverno, numa noite depois de um jantar com você.

De forma breve e concisa, ele narrou os eventos que pontuaram a sua caminhada até em casa, bem como seu estranho desfecho.

– Foi então que tudo começou. Não tenho como lhe explicar direito... Era uma sensação maravilhosa! Diferente de tudo que já senti ou sonhei. Bem, desde então, ela tem se repetido. Não todas as noites, mas de vez em quando. A música, a impressão de que estou sendo soerguido, de que estou planando... e depois a queda terrível, a volta inevitável à terra e o sofrimento físico de ter de me levantar da cama. É como descer de uma montanha, o mesmo tipo de dor nos ouvidos... O mesmo tipo, mas intensificado. E também uma sensação estranha de peso, de sufocamento e uma tensão generalizada...

Hamer se interrompeu e fez uma pausa.

– Os empregados acham que enlouqueci. Eu já não suportava a opressão do teto e das paredes. Pedi que providenciassem para mim um lugar no alto da casa, aberto para o céu, sem mobília nem carpete, sem nada que pudesse me sufocar. Mas até mesmo as casas da vizinhança me incomodam. Gostaria de viver no campo, num lugar onde pudesse respirar...

Ele fixou os olhos em Seldon, depois perguntou:

– O que você acha? É capaz de explicar isso por que estou passando?

– Hum... – disse Seldon – Há várias explicações possíveis. Você foi hipnotizado ou você mesmo se hipnotizou. Pode haver algum problema com os seus nervos ou talvez seja apenas um sonho.

Hamer balançou a cabeça negativamente.

– Nenhuma dessas explicações é boa.

– Há outras explicações possíveis, mas em geral não são muito bem aceitas.

– Mas você está preparado para aceitá-las?

– Sim, boa parte delas! Há muita coisa que não podemos entender, e que não se pode explicar normalmente. Temos muito o que descobrir, e por isso procuro manter a mente aberta.

– O que você me aconselha a fazer? – perguntou Hamer, depois de uma pausa.

Seldon se inclinou bruscamente:

– Várias coisas. Saia de Londres e vá para o campo. Pode ser que os sonhos desapareçam.

– Não posso fazer isso – objetou Hamer. – Já não consigo viver sem eles. Eu não quero viver sem eles.

– Ah! Imaginei. Outra alternativa é encontrar esse sujeito, o aleijado. Você está atribuindo a ele todo tipo de poder sobrenatural. Converse com ele. Quebre o encanto.

Hamer sacudiu a cabeça negativamente.

– Por que não?

– Tenho medo – declarou Hamer.

Seldon fez um gesto de impaciência.

– Não se deixe impressionar dessa forma! Essa música que deu início a tudo isso... como ela é?

Hamer cantarolou-a, e Seldon ouviu-a de semblante franzido.

– É como se saísse da abertura do *Rienzi*. Há algo nela que eleva o ânimo... é como se tivesse asas. Mas nem por isso começo a levitar! Esses voos de que você fala... São eles todos iguais?

– Não, não... – disse Hamer, inclinando-se para frente. – Eles evoluem. Cada vez eu vejo mais coisas. É difícil explicar. Sempre tenho consciência de alcançar um certo patamar... a música me leva até lá, não diretamente, mas numa sucessão de ondas, que vão crescendo até chegar num limite, o qual não se pode ultrapassar. E fico pairando por lá até ser puxado de volta. É mais um *estado* do que um lugar... Não no início, mas depois de um tempo comecei a entender que havia outras coisas ao meu redor, esperando para que eu as descobrisse. Pense em um gatinho. Ele tem olhos, mas de início não enxerga muita coisa. Precisa aprender a ver. Foi o que aconteceu comigo. Olhos e orelhas mortais não me adiantavam de nada, mas havia algo correspondente a eles que eu precisava desenvolver... algo que não era *corpóreo*. Isso fui desenvolvendo aos poucos. Primeiro vieram as sensações luminosas, depois as sonoras, e então as cores. Tudo muito vago e confuso. Eu sabia que as coisas estavam ali, mais do que eu as via ou ouvia. Primeiro foi a luz, uma luz que se tornou mais forte e mais clara... depois a areia, extensões de areia vermelha... e, aqui e ali, água correndo, canais de água.

Seldon respirou fundo.

– *Canais*! Isso é interessante. Continue.

– Mas essas coisas não eram importantes, somente no início. As coisas realmente importantes só descobri mais tarde... e primeiro através do ouvido. Um som semelhante a um bater de asas... um glorioso bater de asas, que não sei explicar direito! Não há nada parecido com isso aqui. E então eu as vi! Vi as asas, Seldon, as asas!

– Mas asas de quê? Homens, anjos, pássaros?

– Não sei. Não conseguia ver. Pelo menos não ainda. Mas a cor delas! *A cor das asas...* É uma cor que não temos aqui, uma cor surpreendente.

– A cor das asas? – repetiu Seldon. – Parece com o quê?

Hamer atirou as mãos para o alto num gesto de impaciência.

– Como é que vou lhe explicar? Seria como explicar o que é o azul para um cego. É uma cor que você jamais viu.

– E então?

– Então? Bem, isso é tudo. É até onde eu fui. E cada vez a volta é pior, mais dolorosa. Não consigo entender. Estou convencido de que meu corpo jamais sai da cama. Estou convencido de que nesse lugar aonde chego não estou presente fisicamente. Por que sinto tanta dor, então?

Seldon moveu a cabeça em silêncio.

– É horrível a volta. Há como que um puxão e depois uma dor, uma dor em cada membro, em cada nervo, e meus ouvidos parecem queimar. Então, tudo se tensiona e há como que um peso, uma sensação horrível de aprisionamento. Preciso de luz, ar, espaço, principalmente de espaço para respirar! E preciso de liberdade.

– E quanto a todas as outras coisas de que você tanto gostava?

– Isso é o mais difícil. Gosto delas mais do que nunca. E essas coisas, conforto, luxo, prazer, parecem puxar na direção contrária das asas. É uma luta sem trégua, que parece não ter fim.

Seldon ficou em silêncio. A história que ele acabara de ouvir era mesmo fantástica. Seria loucura, alucinação, ou talvez verdade? E, se fosse verdade, por que teria acontecido justamente com Hamer? Não era de se esperar que materialistas, que exaltam a carne e negam o espírito, fossem aqueles a ter um acesso privilegiado a visões do outro mundo...

Do outro lado da mesa, Hamer o observava ansioso.

– Suponho que o melhor seja esperar – disse Seldon. – Esperar e ver o que acontece.

– Não posso mais! Já cheguei no meu limite! A sua sugestão só mostra o quanto você não me ouviu. Essa situação está acabando comigo, essa luta interminável entre, entre...

– A carne e o espírito? – sugeriu Seldon.

Hamer franziu o cenho.

– Pode chamá-la assim, se quiser. De qualquer forma, é insuportável... Tenho de me livrar disso...

Mais uma vez, Bernard Seldon inclinou a cabeça num gesto de compreensão. Era mesmo complicado. Ele fez uma última sugestão:

– Se eu fosse você, eu procuraria esse aleijado.

E, ao voltar para casa, murmurou para si mesmo:

– *Canais de água*... o que será que isso quer dizer?

III

Na manhã seguinte, Silas Hamer saiu de casa com um propósito bem definido. Estava decidido a seguir o conselho de Seldon e encontrar o homem sem pernas. No fundo, Hamer desconfiava que a busca seria inútil e que o homem devia ter simplesmente sumido, como que tragado pela terra.

Mesmo assim, ele foi até a passagem pela qual costumava atalhar, onde encontrara o homem. Os prédios ao redor da passagem escureciam-na, dando-lhe um aspecto misterioso. Num certo ponto, na metade do caminho, o muro estava quebrado, e da fenda emanava um facho de luz dourada que iluminava, radiante, uma figura sentada no chão. Sim, era o homem!

O instrumento de tubos estava encostado no muro ao lado das muletas, e o homem cobria as lajotas da calçada com desenhos de giz colorido. Dois deles estavam completos, cenas silvestres belas e delicadas, com árvores balançando e um córrego que parecia real.

Hamer refletiu consigo mesmo: seria aquele homem um músico de rua ou um desenhista? Ou seria ele ainda alguma outra coisa?

De repente, o milionário perdeu o autocontrole e gritou furioso:

– Quem é você? Pelo amor de Deus, quem é você?

O homem olhou sorrindo para ele sem nada dizer.

– Por que é que você não diz? Fale alguma coisa! – insistiu Hamer.

O homem desenhava com uma rapidez inacreditável sobre uma das lajotas. Hamer acompanhou com os olhos o movimento... Com alguns gestos precisos, árvores gigantescas ganhavam forma. E então, sentado num pedregulho, um homem, tocando um instrumento de tubos. Um homem com um belo rosto e... pernas de bode.

A mão do aleijado fez um movimento rápido. O homem continuava sentado no pedregulho, mas as pernas tinham desaparecido. Ele olhou para Hamer de novo.

– Não prestam.

Hamer, fascinado, tinha os olhos cravados na face do aleijado, que era igual à do homem no desenho, de uma beleza estranha e difícil de descrever... Daquela face emanava, em estado bruto, uma intensa alegria de vida.

Hamer deu meia-volta e saiu quase voando da passagem em direção à luz do sol, repetindo para si mesmo:

– É impossível, impossível! Estou louco... sonhando!

Mas a imagem do rosto não lhe saía da cabeça. O rosto de Pan.

Hamer foi até o parque e sentou-se num banco. Naquela hora, o parque estava vazio. Algumas babás passeavam com seus carrinhos debaixo da sombra das árvores, e aqui e ali via-se a figura de um ou de outro vagabundo deitado sobre o gramado.

As palavras "um vagabundo miserável" significavam para Hamer um epítome da pobreza. Mas naquele dia, de repente, ele as invejava...

Elas lhe pareciam as únicas autenticamente livres. Andar pelo mundo só tendo como limite a terra debaixo dos pés e, acima da cabeça, o céu. Os vagabundos não estavam acorrentados a nada.

Hamer imediatamente se deu conta de que aquilo que agora o aprisionava de uma maneira tão implacável era o que ele até então mais valorizara: a riqueza! Ela sempre lhe parecera a coisa mais importante do mundo, e agora que ele finalmente se sentia protegido sob sua armadura dourada é que entendia o seu verdadeiro significado. Não era senão o dinheiro que o escravizava...

Mas seria isso mesmo? Era essa a lição a ser tirada da sua história? O problema era o dinheiro ou seu apego a ele? Seu amor pelo dinheiro, e não o dinheiro em si, forjara os grilhões a que agora ele se sentia submetido.

Hamer conhecia muito bem as forças que o dilaceravam. De um lado, a força extraordinária do conforto material que o cercava. Oposto a isso, aquele chamado imperioso, que ele denominara de Chamado das Asas.

Enquanto uma das forças se apoderava dele, a outra declarava guerra e não desistia da briga. Insistia, sem trégua... Ele era capaz de ouvi-la... era como se falasse com ele.

– Nunca vamos chegar a um acordo – parecia dizer. – Não me curvo a nada, você terá de abandonar tudo por mim. Somente os que rompem com todas as outras forças podem me seguir aonde eu levo...

– Não posso, não posso... – murmurava Hamer consigo mesmo.

Algumas pessoas voltavam a cabeça para olhar aquele homenzarrão falando consigo mesmo.

O que estava sendo exigido dele era o sacrifício, o sacrifício de tudo o que lhe era mais caro, o sacrifício de uma parte dele mesmo.

Parte dele mesmo... Ele se lembrou do homem sem pernas.

IV

– Mas que diabos você está fazendo por esses lados? – perguntou Borrow.

De fato, não era um costume de Hamer acompanhar o trabalho dos missionários em East End.*

– Você sempre me falou das maravilhas que poderiam fazer aqui se tivessem recursos. Vim para lhe dizer: agora você *tem* recursos.

– Muito generoso da sua parte... – disse Borrow, surpreso. – Uma grande doação, hum?

Hamer deu um sorriso amarelo.

– É o que eu diria. Tudo o que tenho, até o último penny.

– *Como*?

Hamer explicou os detalhes rapidamente, como se fechasse um negócio. Borrow sentia a cabeça girar.

* Região de Londres em que historicamente se concentram imigrantes e a população mais pobre. (N.T.)

– Você está querendo dizer que me disponibiliza toda a sua fortuna, a fim de que ela seja empregada na assistência da população pobre de East End?

– Exatamente.

– Mas por quê?

– Não tenho como explicar – disse Hamer, hesitante. – Você se lembra das coisas que me disse sobre visões fevereiro passado? Bem, tenho tido visões.

– Esplêndido! – disse ele, inclinando-se para frente e com os olhos brilhando.

– Não é nada esplêndido – disse Hamer, mal-humorado. – Não dou a mínima para os pobres de East End. O que eles precisam é de determinação! Eu era completamente pobre e saí da pobreza. Mas agora tenho de me livrar do dinheiro, e não confio em nenhuma dessas outras associações que existem por aí. Você eu conheço. Use o dinheiro para alimentar almas e corpos, e de preferência corpos. Sei o que é a fome, mas você pode usar o dinheiro como achar melhor.

– Nunca ouvi falar de um caso como esse... – murmurou Borrow.

– Já está tudo decidido – declarou Hamer. – Os advogados finalmente concluíram a papelada, e eu já assinei tudo. Posso lhe dizer que passei as últimas semanas só tratando disso. Não é nada fácil se ver livre de uma fortuna como a minha.

– Mas está guardando alguma coisa para você, não?

– Nenhum penny que seja – disse Hamer, animado. – Quer dizer, não é bem verdade... Tenho dois no meu bolso.

Ele se despediu, sem esperar que o amigo se refizesse da surpresa, e deixou a igreja, seguindo pelas vielas mal-cheirosas do bairro. As palavras que ele acabara de pronunciar com tanta animação voltavam a ele com uma sensação de perda. "Nenhum penny!" Da sua imensa fortuna, não lhe restava nada. Ele temia, temia a pobreza, a fome e o frio. O sacrifício era amargo.

E, no entanto, Hamer tinha consciência de que as coisas ao seu redor já não tinham o mesmo peso. Elas não o ameaçavam nem oprimiam. O rompimento dos grilhões era dolorido, mas a visão da liberdade estava lá para lhe dar força. As suas necessidades materiais podiam enfraquecer o chamado, mas não teriam como eliminar uma força imortal.

A atmosfera já tinha algo de outono, e o vento soprava gelado. Hamer sentia frio e começou a tremer, depois teve fome. Havia se esquecido de comer. A fome lhe lembrou do futuro. Era inacreditável que ele tivesse aberto mão de tudo. Das facilidades, do conforto, do calor! Seu corpo gritava, impotente. E então a sensação agradável e edificante de liberdade tomou conta dele de novo.

Hamer hesitou. Estava perto da estação do metrô. Tinha dois pennies no bolso. Pensou em tomar o metrô até o parque onde, duas semanas atrás, vira os vagabundos dormindo no gramado. Era essa a única ideia que ele tinha do que fazer dali por diante. Admitia para si mesmo a própria loucura; ninguém em sã consciência teria agido como ele. Mas a loucura tinha um aspecto fascinante e misterioso.

Ele agora iria até a área aberta do parque, e era significativo que fizesse o trajeto de metrô. O metrô representava para ele todos os horrores de uma vida confinada, de sepultura. Hamer ascenderia dessa prisão ao gramado e às árvores, que o protegeriam do peso das casas ao redor.

O elevador levou-o sem demora ao andar de baixo. O ar estava pesado e sufocante. Ele parou bem na ponta da plataforma, longe da massa das pessoas. À sua esquerda, estava a abertura do túnel, de onde o trem sairia sinuoso como uma cobra. Aquele ambiente emanava algo de ruim. Ao lado dele, havia apenas um jovem corcunda, sentado num banco, afundado, provavelmente bêbado.

De longe, o rugido do trem começava a se fazer ouvir. O jovem se levantou do banco e se arrastou até o lado de Hamer, à beira da plataforma, de onde olhava para o túnel.

Então... foi tudo tão rápido que nem parecia real! O jovem perdeu o equilíbrio e caiu.

Centenas de pensamentos cruzaram a mente de Hamer. Ele viu um vulto desengonçado ser atropelado por um ônibus, e ouviu uma voz que dizia:

– Foi culpa sua não, doutor. Podia fazer mais nada. Era sina.

E agora ele tinha certeza de que era o único a poder salvar aquela vida. Não havia mais ninguém por perto. O trem estava próximo. Tudo isso passou por sua cabeça com a velocidade de um raio. Um instante de lucidez cristalina.

Não tinha mais que um segundo para agir, e depois daquele momento a morte seria implacável. O trem surgia veloz pela curva do túnel, e não poderia ser detido.

Apavorado, Hamer pegou o jovem nos braços. O que guiava seu corpo trêmulo não era nenhum impulso heroico, mas o comando de uma força estranha que exigia o seu sacrifício. Num esforço derradeiro, Hamer arremessou o rapaz para a plataforma, caindo para trás ele mesmo...

O medo desapareceu junto com tudo que o puxava para baixo. Ele estava livre dos seus próprios grilhões. Por um momento, teve a impressão de que ouvia a flauta de Pan. Então, mais perto e mais alto, engolindo tudo que havia ao seu redor, um ruflar de asas inumeráveis abraçou-o e levou-o consigo.

A ÚLTIMA SESSÃO

Raoul Daubreuil atravessou o Sena cantarolando. Era um jovem francês atraente, de 32 anos, com um rosto corado e um bigode preto. Engenheiro de profissão. Não demorou muito para que chegasse à Rue Cardonet, na qual procurava pelo prédio de número 17. A mulher que cuidava da portaria olhou para ele de trás do balcão e murmurou um bom-dia, ao qual ele respondeu com um sorriso. Raoul Daubreuil subiu as escadas até o apartamento no terceiro andar. Do lado de fora, enquanto esperava que atendessem à campainha que acabara de tocar, voltou a cantarolar. Aquela era uma manhã em que ele se sentia particularmente animado. A porta foi aberta por uma mulher de idade, cujo rosto enrugado logo se abriu em sorrisos quando ela viu quem era a visita.

– Bom dia, monsieur.

– Bom dia, Elise – respondeu Raoul.

Ele passou para o vestíbulo e tirou as luvas.

– A sua patroa está esperando por mim, não é verdade? – perguntou ele, olhando por cima do ombro.

– Exatamente, monsieur.

Elise fechou a porta e se voltou para ele.

– Se o senhor puder fazer a gentileza de passar ao pequeno *salon*, madame não deve demorar a atendê-lo. No momento, ela está descansando.

Raoul se virou e olhou firme nos olhos dela.

– Algum problema?

– Bem...

Elise suspirou. Ela passou à frente dele, abrindo a porta do *salon*. Raoul entrou e ela o seguiu.

– Bem... – continuou ela – era de se esperar que a coitadinha estivesse mesmo exausta. *Séances*, *séances* e *séances* sem fim! Não está certo, não é natural. Não é o que o bom Deus espera de nós... isso é *negociar com o diabo*! É o que eu penso, e digo com todas as letras.

Raoul deu uma batidinha no ombro dela a fim de tranquilizá-la.

– Vá com calma, Elise. Não exagere. Não está certo atribuir ao diabo tudo aquilo que não compreendemos.

Elise balançou a cabeça não muito convencida.

– Ah, se é assim que pensam... – murmurou ela, por fim. – O senhor pode dizer o que quiser, mas não me convence. Madame está cada vez mais pálida, cada vez mais magra... e as dores de cabeça que ela tem!

Ela levantou as duas mãos até as têmporas.

– Não, não... isso não está certo! Ficar se metendo com esses espíritos... Os espíritos bons estão no paraíso, os outros no purgatório, e...

– O seu entendimento da vida depois da morte é surpreendentemente simplista, Elise – disse Raoul, afundando-se numa poltrona.

A velha senhora se empertigou e lançou a ele um olhar desconfiado.

– Sou uma boa católica, monsieur.

Ela fez o sinal da cruz e caminhou em direção à porta. Mas ao colocar a mão na maçaneta se deteve.

– E depois que casarem, monsieur... pretendem levar isso adiante? – perguntou ela, numa voz angustiada.

Raoul sorriu afetuosamente.

– Você é uma criatura fiel, Elise. E muito dedicada à sua patroa. Fique tranquila. Quando ela estiver casada comigo, será o fim das *séances*. Madame Daubreuil não vai mais "negociar com o diabo", como você diz.

Elise ficou toda boba e sorriu.

– O senhor promete?

Raoul assentiu, sério.

– Sim... – disse ele, mais para si mesmo do que para ela. – Será o fim das *séances*. Simone tem um dom maravilhoso, que tem usado livremente, mas agora ela já fez sua parte. E você está certa, Elise. Simone vem emagrecendo e está pálida. A vida dos médiuns é difícil, penosa, exigindo terrivelmente dos nervos. Você sabia, Elise, que sua patroa é uma das médiuns mais impressionantes de Paris, da França? Pessoas do mundo todo a procuram, porque sabem que com ela não há truques nem fraude.

Elise torceu o nariz.

– Fraude! Realmente. Madame seria incapaz de enganar até mesmo uma criança.

– Ela é um anjo – disse o jovem, embevecido. – E farei tudo o que estiver ao meu alcance para que seja feliz. Você não confia em mim?

Elise se endireitou e disse num tom digno, livre de qualquer afetação:

– Tenho servido à patroa por muitos anos, monsieur. Com todo o respeito, posso dizer que tenho por ela uma imensa afeição. Se não acreditasse na sinceridade dos seus sentimentos com relação a ela... *eh bien*, monsieur! Eu lutaria com todas as minhas forças para impedir esse casamento.

Raoul sorriu.

– Muito bem, Elise! Você é uma amiga fiel, e conto com a sua aprovação agora que lhe assegurei que as sessões espíritas da patroa estão com os dias contados.

Ele esperava que a criada recebesse a sua frase jocosa com um sorriso, e se surpreendeu ao ver que ela continuava séria.

– E se os espíritos quiserem continuar? E se *eles* não abrirem mão das sessões?

Raoul arregalou os olhos.

– Ora, ora! Mas o que é que você está dizendo...

– É verdade – insistiu Elise. – E se eles não abrirem mão das sessões?

– Eu achava que você não acreditava em espíritos, Elise!

– Não disse que acredito – respondeu ela, teimosa. – É uma bobagem acreditar em espíritos. Mesmo assim...

– Mesmo assim o quê?

– Não sei explicar, monsieur. Sempre achei que esses tais médiuns não passassem de impostores se aproveitando da dor daqueles que perderam seus entes queridos. Mas não é esse o caso de madame. Ela é boa, ela é honesta, ela...

Elise baixou a voz e disse num tom misterioso:

– *Coisas acontecem.* Não se trata de truques, coisas acontecem, e é isso o que me assusta. De uma coisa estou certa, monsieur: isso não está certo. É contra a natureza e o bom Deus, *e alguém vai ter de pagar...*

Raoul levantou-se da cadeira, foi até ela e deu uma palmadinha no seu ombro.

– Acalme-se, Elise – disse ele, sorrindo. – Tenho uma boa notícia para você. Veja, hoje é a última das *séances.* A última. Depois de hoje não vai haver mais nenhuma.

– Mas então há uma hoje? – perguntou ela, desconfiada.

– A última, Elise, a última.

Elise sacudiu a cabeça, desconsolada.

– Madame não está bem... – começou ela.

Mas suas palavras foram interrompidas quando a porta se abriu e uma mulher alta, loira, entrou na sala. Ela era magra e delicada, com um rosto de madona de Botticelli. Os olhos de Raoul faiscaram, e Elise deixou a sala rápida e discretamente.

– Simone!

Ele pegou nas suas as mãos dela, pálidas e alongadas. Depois beijou-as, enquanto ela dizia o nome dele:

– Raoul, meu querido...

Ele beijou as mãos dela novamente e olhou firme nos seus olhos.

– Simone, mas como você está pálida! Elise me disse que você estava descansando. Você não está doente, está?

– Não. Não estou doente!

Ele levou-a até o sofá e sentou-se ao seu lado.

– Mas o que é, então?

A médium esboçou um meio sorriso.

– Você vai achar que estou exagerando – murmurou ela.

– Exagerando? Nunca!

Simone retirou a mão das mãos dele. Depois endireitou-se e disse, olhando fixamente na direção do tapete:

– Estou com medo, Raoul.

Ele esperou um minuto ou dois, na expectativa de que ela continuasse. Como ela nada falou, ele resolveu incentivá-la:

– Medo do quê?

– Só medo, mais nada.

Raoul olhou para ela perplexo, e em resposta Simone lançou a ele uma olhadela rápida.

– Sim, eu sei que é absurdo, mas é o que sinto. Um medo estranho, e nada mais. Não sei por que, mas não consigo me livrar da ideia de que algo horrível está prestes a acontecer comigo... Algo horrível, horrível mesmo.

Ela olhava fixamente para frente. Raoul abraçou-a gentilmente.

– Minha querida – disse ele –, você não deve desistir! Sei como é exaustiva a vida dos médiuns. Tudo o que você precisa é de um pouco de descanso.

Simone olhou para ele agradecida.

– Sim, Raoul, você está certo. É disso que preciso: descanso e um pouco de tranquilidade.

Ela fechou os olhos e se recostou no braço dele.

– E de uma vida feliz – murmurou ele em seu ouvido.

Raoul cingiu-a mais proximamente. Simone, de olhos fechados, respirou fundo.

– Quando estou com você, sinto-me protegida – disse ela. – Esqueço da minha vida, da minha vida de médium. Mas nem você tem ideia do que essa vida significa, Raoul.

Ele sentiu o corpo da moça se enrijecer. Mais uma vez, Simone olhava fixamente para frente.

– Sento naquele vão e fico esperando. A escuridão é horrível, Raoul. É a escuridão do vazio, do nada. É preciso entregar-se àquilo, se perder... E depois, não sei mais de nada, não sinto nada, e finalmente começa o retorno, demorado e doloroso, o acordar do sono... um acordar que é terrivelmente exaustivo.

– Eu sei – murmurou Raoul –, eu sei.

– Estou tão cansada – murmurou Simone.

Ela sentia o peso do corpo, que a puxava para baixo, enquanto dizia aquelas palavras.

– Mas você é maravilhosa, Simone.

Ele tomou as mãos dela nas suas e tentou animá-la.

– Você é única. A maior médium que o mundo já conheceu.

A moça balançou a cabeça imperceptivelmente, sorrindo de leve.

– É verdade, é verdade – insistiu ele, tirando duas cartas do bolso. – Veja, esta é do professor Roche do Salpêtrière, e esta, do dr. Genir de Nancy, implorando para que você o receba.

– Ah, não!

Simone levantou-se de um pulo.

– Não posso, não posso. Chega, Raoul. Você prometeu!

Raoul arregalou os olhos, perplexo. Ela olhava para ele trêmula como um animal assustado. Ele se levantou e pegou a mão dela.

– Está bem, está bem – disse o rapaz. – Você tem razão, tínhamos combinado. Mas estou muito orgulhoso de você, Simone. Por isso mencionei as cartas.

Ela o olhou de soslaio.

– Então não preciso receber mais espíritos?

– Não, não. A menos que você queira, ocasionalmente, para algum desses amigos...

Ela interrompeu-o, nervosa:

– Não, nunca mais. É perigoso, estou lhe dizendo. Eu sinto!

Simone apertou ambas as mãos de encontro à testa por um momento e em seguida caminhou até a janela.

– Me prometa que nunca mais – disse ela por cima do ombro, num tom mais baixo.

Raoul caminhou até ela e colocou as mãos sobre os ombros da moça.

– Querida, prometo que a sessão de hoje será a última – disse, sentindo-a estremecer de susto.

– Sessão de hoje? – murmurou ela. – Ah, sim... Tinha me esquecido de madame Exe.

Raoul consultou o relógio.

– Ela está para chegar a qualquer momento. Mas se você não se sente bem, Simone...

Era como se a moça não o ouvisse. Estava perdida nas próprias divagações.

– Ela é uma mulher estranha, Raoul. Uma mulher muito estranha. Você sabe que eu... Bem, eu tenho horror a ela!

– Simone!

O tom dele era de reprovação, e ela percebeu.

– Sim, Raoul, sei que para você, como para qualquer francês, as mães são sagradas. É uma grosseria minha sentir tal antipatia por uma mulher de luto por causa da morte da filha. Mas... Não sei como explicar... Ela é tão grande e preta... e as mãos dela! Raoul, você já reparou nas mãos que ela tem? São mãos enormes e fortes como as de um homem. Ah!

Simone estremeceu e fechou os olhos. Raoul recuou e disse friamente:

– Realmente não posso entender, Simone. Você é mulher e não devia ficar indiferente ao sofrimento de uma mãe. Uma mãe que perdeu a filha única...

Simone fez um gesto de impaciência.

– Ah, mas é você que não está entendendo, meu amigo! Num caso desses, não há nada que se possa fazer. Desde a primeira vez em que a vi, eu...

Ela lançou os braços para o alto, depois continuou:

– *Sempre tive medo*! Você lembra como foi da primeira vez? Demorei muito a me decidir atendê-la. Eu pressentia que ela me traria azar.

Raoul deu de ombros.

– E o que aconteceu, na verdade, foi o oposto – disse ele, secamente. – As sessões têm sido desde então um tremendo sucesso. O espírito da pequena Amelie foi capaz de controlar você sem nenhuma dificuldade, e as materializações foram surpreendentes. O professor Roche tinha mesmo de estar presente na última.

– Materializações... – repetiu Simone em voz baixa. – Diga-me, Raoul, elas são assim tão surpreendentes? Você sabe que não sei nada do que acontece quando estou em transe.

Ele assentiu com a cabeça, entusiasmado.

– No início, a imagem da criança aparecia numa espécie de névoa – explicou –, mas na última sessão...

– O que aconteceu?

– Simone – prosseguiu ele, calmamente –, a criança que estava lá era uma criança real, de carne e osso. Eu até mesmo a toquei... Mas percebendo que o toque fazia muito mal a você não permiti que madame Exe fizesse o mesmo. Tive medo de que ela se descontrolasse e que isso afetasse você negativamente.

Simone virou-se novamente para a janela.

– Naquela sessão, voltei a mim completamente acabada. Raoul, você tem certeza, tem certeza de que isso está certo? Você sabe o que a velha Elise pensa... Não estamos negociando com o diabo? – perguntou ela, sem poder conter uma risada nervosa.

– Você sabe qual é a minha opinião – disse Raoul, taxativamente. – Ao lidarmos com o desconhecido, sempre há perigo, mas a causa é nobre. Agimos em nome da ciência e do conhecimento. Inúmeros são os mártires da ciência, no mundo todo, pioneiros que pagaram um preço para que outros pudessem seguir os seus passos em segurança. Há dez anos você vem trabalhando pela ciência às custas de um enorme desgaste do seu sistema nervoso. Você já fez a sua parte, e de agora em diante está livre.

Simone sorriu para ele, satisfeita. Parecia ter recuperado a calma. Ela olhou rapidamente para o relógio e murmurou:

– Madame Exe está atrasada. É possível que não venha.

– Acho que ela vai vir – disse Raoul. – O seu relógio está um pouco adiantado.

Simone caminhou pela sala, ajeitando os enfeites aqui e ali.

– Fico me perguntando quem é essa mulher, madame Exe... De onde ela vem? Nada sabemos sobre ela!

Raoul deu de ombros novamente.

– As pessoas, em geral, preferem não se expor quando procuram um médium. É uma precaução que todos tomam.

– Imagino que sim – concordou Simone, sem prestar muita atenção.

Um vasinho de porcelana que ela estava segurando escorregou dos seus dedos e se espatifou no piso da lareira. Ela se virou imediatamente para Raoul.

– Você está vendo? – perguntou. – Não estou nada bem. Raoul, você me acharia uma covarde se eu recusasse atender madame Exe hoje?

Diante da expressão desolada do jovem, Simone ficou vermelha.

– Você prometeu – disse ele calmamente.

Ela recuou em direção à parede.

– Não vou recebê-la, Raoul. Eu não vou recebê-la.

Ao ver que ele mantinha a mesma expressão de terna censura, ela estremeceu.

– Não é no dinheiro que estou pensando, Simone. Mas você deve se lembrar da quantia que essa mulher lhe ofereceu na última sessão. Uma quantia enorme...

Ela interrompeu-o desafiadora:

– Há coisas mais importantes que o dinheiro.

– Certamente – concordou ele, com um sorriso. – É o que estou dizendo. Veja o caso dessa mulher, uma mulher rica, mas uma mãe que perdeu a filha. Se você não está mesmo doente, se isso é apenas um capricho seu, será que tem coragem de se negar a atender um pedido dela, o pedido de ver a filha pela última vez?

Sem saber mais o que dizer, Simone desistiu, lançando os braços para o alto.

– Ah, que tortura! Está bem, você está certo. Vou fazer como quer, mas sei exatamente o que é que mais me assusta... a palavra "mãe".

– Simone!

– Há certas forças elementares, primitivas, Raoul... A maioria delas foi destruída pela civilização, mas a maternidade continua a ocupar o mesmo lugar. Animais, seres humanos, são todos iguais com relação a isso. Não há nada no mundo como aquilo que uma mãe sente por um filho. Está além da lei, da piedade. É uma força capaz de qualquer coisa, de destruir sem remorsos tudo que estiver em seu caminho.

Ela se interrompeu, um pouco ofegante, e de repente olhou para ele com um sorriso.

– Estou fora de mim hoje, Raoul, eu sei.

Ele pegou nas mãos dela.

– Deite-se por um ou dois minutos – pediu ele. – Descanse até ela chegar.

– Muito bem... – disse ela sorrindo, e deixou a sala.

Raoul ficou por alguns minutos refletindo, então foi até a porta, abriu-a e atravessou o pequeno corredor até uma sala do outro lado. Era mais ou menos semelhante à sala de estar onde estivera, mas no canto havia um vão, no meio do qual estava colocada uma poltrona. Cortinas pesadas de veludo preto tinham sido arranjadas de forma que pudessem se fechar sobre o vão. Elise arrumava a sala. Perto do vão, ela colocara duas cadeiras e uma mesinha redonda. Na mesa havia um tamborim, uma corneta, lápis e papel.

– A última vez... – murmurou Elise, severa mas satisfeita. – Queria que já tivesse terminado!

Ouviu-se o barulho estridente da campainha elétrica.

– É ela – disse a velha empregada. – Está mais para um general do que para uma mulher. Por que não faz como qualquer pessoa decente e vai rezar pela alma da filha numa igreja? Por que não acende uma vela para Nossa Senhora? Será que ela não confia no bom Deus?

– Vá atender a porta, Elise – ordenou Raoul, perdendo a paciência.

Ela ergueu os olhos para ele, mas obedeceu. Em um ou dois minutos, a empregada voltava com a visita.

– Vou avisar a patroa que a senhora está aqui, madame.

Raoul veio do canto da sala para cumprimentar madame Exe. As palavras de Simone voltaram à sua mente: "tão grande e preta"...

Ela era mesmo enorme, e o luto pesado que vestia, tipicamente francês, parecia exagerado no caso dela. Sua voz era profunda, quase cavernosa.

– Receio que esteja um pouco atrasada, monsieur.

– Só alguns minutos – disse Raoul, sorrindo. – Madame Simone está descansando. Infelizmente, tenho de lhe dizer que ela não está nada bem. Está exausta e com os nervos à flor da pele.

Naquele momento, madame Exe estava a ponto de recolher a mão com que o cumprimentava, mas em vez disso apertou a dele com mais força.

– E por isso não vai me receber? – perguntou contrariada.

– Mas é claro que vai, madame.

Ela suspirou de alívio e afundou-se numa cadeira, soltando um dos véus que cobriam o seu rosto.

– Ah, monsieur! – murmurou. – Ninguém é capaz de imaginar, ninguém é capaz de conceber o significado dessas sessões para mim, a alegria que elas me trazem! Minha pequena! Minha Amelie! Vê-la, ouvi-la, até mesmo, talvez... poder estender minha mão e tocá-la.

Raoul declarou imediatamente, num tom peremptório:

– Madame Exe... como posso lhe explicar... em hipótese alguma a senhora deve deixar de seguir as minhas orientações, caso contrário correremos um grande perigo!

– Perigo? Eu?

– Não, madame... a médium. Esses fenômenos que ocorrem são em parte conhecidos pela ciência. Vou tentar explicar-lhe da forma mais simples possível usando alguns termos técnicos. Um espírito, para se manifestar, tem de usar a substância física do médium. A senhora já viu o vapor de fluído que sai da boca de Simone? É esse vapor que condensa e assume a aparência física do antigo corpo do espírito desencarnado. Acredita-se que esse ectoplasma seja uma substância do médium. Um dia talvez isso seja provado, através de pesagem e testes cuidadosos, mas ao mexer com o fenômeno o médium corre um grande perigo, e essa é a nossa maior dificuldade. Resumindo: tocar na materialização pode significar a morte do médium.

Madame Exe escutara-o com atenção.

– Muito interessante, monsieur. Mas diga-me... não existe um momento em que a materialização está tão avançada que pode se separar da mãe, digo, da médium?

– Isso não passa de especulação, madame.

Ela não se deu por convencida.

– O senhor diz isso porque o fato nunca ocorreu ou porque seria impossível?

– Na situação em que nos encontramos, inteiramente impossível.

– Mas talvez no futuro?

A entrada de Simone salvou-o de ter de dar uma resposta. A moça parecia abatida e pálida, mas evidentemente tinha recuperado o autocontrole. Ela se aproximou e cumprimentou madame Exe. Raoul não pôde deixar de perceber o arrepio sentido pela jovem.

– Lamento que esteja indisposta – disse madame Exe.

– Não é nada – respondeu Simone de forma brusca. – Podemos começar?

Ela foi até o vão da sala e sentou na poltrona.

De repente, o próprio Raoul sentiu uma onda de medo passar por si.

– Você está fraca demais – declarou ele. – É melhor cancelarmos a sessão. Madame Exe vai entender.

– Monsieur! – disse madame Exe, levantando-se indignada.

– Sim, sim... É melhor cancelarmos, estou certo disso.

– Mas madame Simone prometeu-me uma última sessão.

– É verdade – concordou Simone, em voz baixa. – E estou pronta para cumprir minha promessa.

– Eu lhe agradeço por isso – disse a outra mulher.

– Não quebro as minhas promessas – disse Simone, friamente. – Não tema, Raoul. Afinal de contas, esta é a última vez, a última vez, graças a Deus!

Ao sinal dela, Raoul fechou as pesadas cortinas ao redor do vão. Fechou também as cortinas das janelas, de forma a que a sala ficasse mais escura. Por fim, indicou uma das cadeiras a madame Exe e preparou-se para sentar na outra. Madame Exe, entretanto, hesitou.

– O senhor me desculpe... Tenho confiança absoluta na sua integridade e na integridade de madame Simone. Mesmo assim, para que meu testemunho tenha um maior valor, tomei a liberdade de trazer isso comigo.

Ela tirou um rolo de corda da bolsa.

– Madame! – gritou Raoul. – Isso é um insulto.

– Uma precaução.

– Um insulto, eu repito.

– Não entendo a sua objeção, monsieur – observou madame Exe friamente. – Se não há nenhum truque, o senhor nada tem a temer.

Raoul soltou uma gargalhada desdenhosa.

– Posso assegurar-lhe de que não tenho nada a temer, madame. Amarre minhas mãos e também meus pés, se quiser.

A declaração não surtiu o efeito que ele esperava, e madame Exe, avançando decidida com seu rolo de corda, se limitou a murmurar:

– Obrigada, monsieur.

De repente Simone, atrás da cortina, gritou:

– Não, não, Raoul! Não permita uma coisa dessas.

Madame Exe não conteve uma risadinha e observou, sarcástica:

– A médium está com medo...

– Sim, estou mesmo.

– Preste atenção no que você está dizendo, Simone – gritou Raoul. – Madame Exe parece desconfiar que somos charlatães.

– Isso é só para que eu possa ter certeza – disse madame Exe, já sem achar a menor graça naquilo.

Ela amarrou Raoul com todo o cuidado na cadeira.

– A senhora é mesmo habilidosa, madame. Espero que esteja satisfeita, pois mal consigo me mexer – observou ele ironicamente quando ela terminou.

Madame Exe não respondeu. Limitou-se a caminhar pela sala, examinando de perto os lambris das paredes. Em seguida, trancou a porta que levava para o corredor e, guardando consigo a chave, voltou à sua cadeira.

– Agora – disse ela, numa voz indescritível – estou pronta.

Os minutos passavam. Atrás da cortina, o ruído da respiração de Simone tornava-se cada vez mais pesado e agonizante. De repente, o ruído silenciou, dando lugar a uma série de murmúrios estranhos. Então novamente houve silêncio, ao qual seguiram-se percussões no tamborim. A corneta foi atirada no chão. Ouviu-se uma risada sarcástica. As cortinas do vão onde se encontrava a médium tinham sido ligeiramente abertas, de forma que Simone pôde ser vista com a cabeça caída sobre o peito. Madame Exe suspirou. Um vapor saía ondulando da boca da médium. Ele condensou e, gradualmente, assumiu a forma de uma menina.

– Amelie! Minha pequena Amelie!

A figura ia se tornando cada vez mais nítida, e madame Exe rumorejava. Incrédulo, Raoul tinha os olhos cravados na menina. Ele nunca vira uma materialização tão bem-sucedida. Tratava-se certamente de uma criança real. Era uma criança de carne e osso que estava ali parada.

– Mamãe! – disse a menina, na sua voz suave.

– Minha filha! Minha filha! – gritou madame Exe, e fez menção de se erguer da cadeira.

– Cuidado, madame! – advertiu Raoul.

A materialização avançou hesitante, atravessando o espaço demarcado pelas cortinas. Como uma criança de verdade, ficou ali parada um momento, de braços estendidos:

– Mamãe!

– Oh! – gritou madame Exe.

Novamente ela se ergueu da cadeira.

– Madame – exclamou Raoul –, a médium...

– Preciso tocá-la! – gritou madame Exe, com uma voz rouca.

Ela deu um passo à frente.

– Pelo amor de Deus, madame! Controle-se – gritou Raoul.

Ele estava realmente alarmado.

– Sente-se imediatamente.

– Minha pequena, tenho de tocá-la.

– Madame, sente-se. Estou mandando!

Raoul se retorcia desesperado, tentando se livrar das amarras, mas madame Exe era mesmo habilidosa e tinha feito bem o seu trabalho. O rapaz estava preso. Uma sensação de desastre iminente se apoderou dele.

– Em nome de Deus, madame, sente-se! – berrou Raoul. – Lembre-se da médium.

Madame Exe virou-se para ele, soltando uma gargalhada histérica.

– Mas que me importa a médium! Quero a minha criança.

– A senhora está fora de si!

– A menina é minha, minha! Sangue do meu sangue, estou lhe dizendo. Voltou à vida, está respirando.

Raoul abriu os lábios, sem nada dizer. Mas que mulher! Agia sem nenhum remorso, como um animal selvagem, levada apenas pela paixão. Os lábios da criança se abriram, e através deles ecoou, pela terceira vez:

– Mamãe!

– Venha, querida, não tenha medo! – exclamou madame Exe.

Com um gesto decidido, ela apanhou a criança em seus braços. Detrás das cortinas, saiu um urro prolongado de profunda aflição, um grito como Raoul jamais ouvira.

Imediatamente ele exclamou:

– Simone! Simone! – ao mesmo tempo em que percebia madame Exe passar correndo ao seu lado, abrir a porta e disparar escada abaixo.

Detrás das cortinas, o grito continuava a ecoar, um grito como Raoul jamais ouvira. O grito se extinguiu com uma espécie de gorgolejo. E então ouviu-se o baque surdo de um corpo caindo no chão...

Raoul fazia de tudo para se livrar das amarras. O seu desespero era tal que ele acabou simplesmente por arrebentar a corda de tanto fazer força. Enquanto Raoul ainda lutava para se desvencilhar da cadeira, Elise entrou na sala desesperada.

– Madame! – exclamou ela.

– Simone! – gritou Raoul.

Juntos, os dois correram e abriram as cortinas.

Raoul espiou para o chão.

– Meu Deus! – murmurou. – Sangue...

A voz de Elise, tensa e falhada, seguiu-se à dele:

– Madame está... morta. Parece que encolheu! Metade do tamanho... Meu Deus, monsieur, mas o que foi que aconteceu aqui?!

– Eu não sei – respondeu Raoul. – Eu não sei! – repetiu ele, levantando a voz. – Sinto como se tivesse enlouquecido... Simone! Simone!

S.O.S

I

– Ah! – disse o sr. Dinsmead em sinal de aprovação.

Ele deu um passo para trás e examinou a mesa satisfeito. A luz das chamas das velas refletia na velha toalha branca, nas facas, nos garfos e nos demais acessórios.

– Está tudo pronto? – perguntou a sra. Dinsmead.

Ela era uma mulher um pouco sem graça, pálida, que começava a perder o cabelo e estava sempre nervosa.

– Sim, tudo pronto – respondeu o marido com uma satisfação feroz.

Ele era um homem alto, de ombros ligeiramente caídos, com um rosto grande e vermelho. Tinha olhinhos pequenos e redondos, que viviam piscando debaixo das suas grossas sobrancelhas, e uma papada lisa.

– Limonada? – sugeriu a sra. Dinsmead.

O marido sacudiu a cabeça numa negativa.

– Com esse tempo, nada melhor do que um bom chá. Veja como está ventando. Uma xícara de chá quente é o que se precisa numa noite como essa.

Ele deu uma piscadinha e voltou a examinar a mesa.

– Ovos, carne curada, pão e queijo são o que gostaria para o jantar. Vamos lá, querida. Charlotte está na cozinha pronta para ajudar.

A sra. Dinsmead levantou, enrolando com cuidado o novelo de lã com o qual tricotava.

– Charlotte está uma moça – murmurou ela. – Uma bela moça, eu diria.

– Ah! – disse o sr. Dinsmead. – A imagem da mãe... Mas apresse-se, estamos perdendo tempo.

Ele caminhava pela sala, cantarolando consigo mesmo. De repente aproximou-se da janela e olhou para fora.

– Tempo feio. Dificilmente teremos visitas.

Em seguida, ele também deixou a sala.

Cerca de dez minutos depois, a sra. Dinsmead entrou trazendo um prato de ovos fritos seguida pelas duas filhas, com o resto do jantar. Atrás delas vinham o sr. Dinsmead e seu filho Johnnie. O sr. Dinsmead sentou à cabeceira da mesa.

– Graças vos dou, meu bom Deus, por teres me dado de comer etc. – disse ele, jocoso. – E bendito seja o homem que inventou os enlatados. O que faríamos, afastados como estamos de tudo, se não pudéssemos contar com um enlatado de carne, nas semanas em que o açougueiro se esquece de nos fazer uma visita?

Ele cortou um pedaço de carne.

– O que fico me perguntando é por que construir uma casa como essa, a quilômetros de tudo – disse a sua filha Magdalen, mal-humorada. – Ninguém nunca aparece por aqui...

– Não, ninguém. Nenhuma alma... – disse o pai.

– Não consigo entender por que o senhor a comprou, papai – disse Charlotte.

– Não consegue? Bem, tive minhas razões...

Ele olhou rapidamente para a esposa, que franziu o cenho.

– E além disso, é assombrada – disse Charlotte. – Jamais dormiria aqui sozinha.

– Mas que bobagem – disse o pai. – Nunca vi coisa alguma. Algum de vocês viu?

– Ver não, mas...

– Mas o quê?

Em vez de responder, Charlotte estremeceu de leve.

A chuva de repente avolumou-se, batendo em cheio de encontro ao vidro da janela. A sra. Dinsmead derrubou a colher, que caiu tilintando sobre a bandeja.

– Nervosa? – perguntou o sr. Dinsmead. – A tempestade está forte, é só isso. Não se preocupe. Estamos todos protegidos aqui dentro, ao lado da lareira, e ninguém vai aparecer para nos incomodar. Bem, seria um milagre se alguém aparecesse aqui hoje. E milagres não acontecem – concluiu ele, enfatizando prazerosamente aquelas últimas palavras.

Mas mal elas tinham deixado a sua boca, ouviu-se subitamente alguém bater na porta. O sr. Dinsmead não se mexeu e murmurou, atônito:

– Mas que diabos...

Ele permaneceu de boca aberta, enquanto a sra. Dinsmead soltava um gritinho e ajeitava o xale ao redor do pescoço. Magdalen, vermelha, inclinou-se na direção do pai.

– O milagre aconteceu – disse ela em voz baixa. – É melhor o senhor ir atender.

II

Vinte minutos antes, Mortimer Cleveland fora obrigado a parar o carro debaixo de chuva e no meio da neblina. Era muito azar. Furar o pneu duas vezes em menos de dez minutos. E agora lá estava ele, preso no meio daquelas colinas isoladas de Wiltshire, com a noite caindo e sem nenhuma perspectiva de encontrar um abrigo. Ninguém mandara ele tomar aquele atalho. Se tivesse continuado pela estrada principal, não estaria perdido naquela estradinha de terra, provavelmente a quilômetros de qualquer habitação!

Ele olhou perplexo ao redor, até que viu o brilho de uma luz numa encosta logo acima. No momento seguinte, a neblina escondeu-a completamente, mas esperando com paciência ele conseguiu vislumbrá-la de novo. Depois de cogitar por alguns segundos, ele deixou o carro e subiu a encosta.

Não demorou muito para que Mortimer Cleveland se visse livre da neblina e pudesse perceber claramente a luz que brilhava da janela de um pequeno chalé. Pelo menos ali talvez conseguisse um abrigo. Ele apressou o passo, inclinando a cabeça para frente, a fim de enfrentar a ventania furiosa e a chuva, que pareciam fazer de tudo para mantê-lo afastado dali.

Cleveland era uma espécie de celebridade. Não que seu nome ou suas atividades fossem conhecidos pela maioria das pessoas. Ele era uma autoridade na ciência da mente e tinha escrito dois livros excelentes sobre o subconsciente. Era membro da Sociedade de Pesquisa de Fenômenos Paranormais e um estudante de ocultismo, interessado em tudo o que podia contribuir para o bom andamento das suas investigações.

Ele era naturalmente sensível aos ambientes e, por causa de um treinamento deliberado, desenvolvera ainda mais esse dom. Quando finalmente alcançou o chalé e bateu na porta, pôde pressentir uma vibração, um aumento de interesse, como se as suas faculdades se aguçassem.

Ele ouvia com toda a nitidez o murmúrio das vozes do lado de dentro. Ao bater na porta, fez-se um súbito silêncio. Ouviu-se o ruído de uma cadeira sendo empurrada para trás e no minuto seguinte a porta foi aberta por um rapaz de cerca de quinze anos. Cleveland olhou por cima do ombro do rapaz e enxergou a cena que se passava lá dentro.

Parecia o quadro de um velho mestre holandês. Uma mesa redonda, na qual estava servida uma refeição, com uma família sentada ao redor, uma ou duas velas e a luz das chamas se refletindo por tudo. O pai, um homem grande, sentava-se de um lado da mesa. Do lado oposto, uma mulherzinha de cabelos grisalhos e rosto assustado. De frente para a porta, olhando diretamente para ele, estava uma moça. Seus olhos arregalados se fixavam nos dele, enquanto a mão segurava um copo suspenso na metade do caminho até a boca.

Cleveland imediatamente percebeu o quanto ela era bela, de uma beleza pouco comum. O cabelo, basto e avermelhado, emoldurava o seu rosto como uma neblina. Os olhos, grandes e afastados, eram de um cinza cristalino. A boca e o queixo pareciam os de uma antiga madona italiana.

Por um momento, ficaram todos em silêncio. Então Cleveland entrou na sala e contou o que lhe acontecera. Depois de chegar ao fim da história, houve outro momento de silêncio constrangedor, até que por fim, penosamente, o pai se levantou.

– Por favor, entre, senhor... Cleveland?

– Esse é o meu nome – respondeu Mortimer, sorrindo.

– Ah, sim. Pois muito bem, sr. Cleveland. Infelizmente faz um tempo muito feio mesmo, não é verdade? Aproxime-se da lareira. Você pode fazer o favor de fechar a porta, Johnnie? Não fique aí parado a noite toda.

Cleveland avançou e sentou-se num banquinho de madeira perto do fogo. Johnnie trancou a porta.

– Chamo-me Dinsmead – disse o outro homem.

Agora ele estava mais animado.

– Essa é a minha mulher, e essas são as minhas duas filhas, Charlotte e Magdalen.

Pela primeira vez, Cleveland viu o rosto da moça que estivera sentada de costas para ele. Era quase tão bonita quanto a irmã, apesar de serem de tipos muito diferentes. Seu cabelo era bem preto, o rosto pálido como mármore, o nariz delicadamente aquilino e a boca discreta. Era uma espécie de beleza fria, austera, quase proibitiva. Quando ouviu o pai dizer o seu nome, ela inclinou ligeiramente a cabeça, lançando ao estranho um olhar intenso que parecia querer descobrir os segredos dele. Era como se a jovem o avaliasse, como se ela o analisasse segundo seus próprios critérios.

– Alguma coisa para beber, sr. Cleveland?

– Obrigado – disse Mortimer. – Uma xícara de chá seria ótimo.

O sr. Dinsmead hesitou por um momento, pegou cada uma das cinco xícaras da mesa e esvaziou-as uma depois da outra numa tigela que havia na mesa.

– Esse chá está frio – disse ele bruscamente. – Você faz outro para nós, querida?

A sra. Dinsmead levantou-se imediatamente e saiu apressada da sala levando o bule. Mortimer teve a impressão de que ela estava agradecida por poder sair dali.

Logo trouxeram o chá recém-feito, que serviram para a visita inesperada com um belo prato de comida.

O sr. Dinsmead não parava de falar. Ele era expansivo, genial, loquaz. Ele se abriu e contou ao estranho tudo sobre si mesmo. Não fazia muito ele tinha se aposentado. Costumava trabalhar no ramo da construção. Ele e a mulher haviam decidido que um pouco de ar puro lhes faria bem e por isso mudaram-se para o interior, onde já tinham vivido antes. Aquela, obviamente, não era uma boa época do ano para mudanças, outubro e novembro, mas eles não quiseram esperar.

– Nunca se sabe o que a vida vai nos trazer – disse o pai de família.

Haviam então comprado aquele chalé, a doze quilômetros de qualquer habitação e a trinta quilômetros de qualquer coisa que se pudesse chamar de cidade. Mas eles não reclamavam. As filhas achavam um pouco chato, mas ele e a mulher gostavam do silêncio.

E assim o sr. Dinsmead seguiu falando, deixando Mortimer quase que hipnotizado com a fluência do seu discurso. Nada de muito interessante, os lugares-comuns da vida familiar. E no entanto, assim que vira o interior da casa, Mortimer diagnosticara alguma outra coisa, alguma inquietação, uma tensão emanando de uma daquelas cinco pessoas, e ele não sabia de qual delas. Bobagem, seus nervos estavam em frangalhos! Ficaram todos assustados com a sua chegada inesperada, nada mais.

Ele tocou na questão de um lugar onde pudesse passar a noite e recebeu uma resposta imediata.

– O senhor vai ter de ficar com a gente. Não há nada mais a quilômetros de distância. Podemos dar-lhe uma cama, e apesar de meus pijamas já estarem um pouco gastos são melhor do que nada. Suas roupas estarão secas pela manhã.

– É muita gentileza sua.

– De forma alguma – disse o outro, bem-humorado. – Como eu acabei de dizer, numa noite como essa, nem um cachorro se deixa na rua. Magdalen, Charlotte, subam para preparar o quarto.

As duas deixaram a sala. Mortimer podia ouvi-las se movimentando acima da sua cabeça.

– É compreensível que duas belas jovens como as suas filhas achem um pouco chato morar por aqui – disse Cleveland.

– São bonitas, não? – disse o sr. Dinsmead, orgulhoso. – Diferentes de mim e da mãe. Somos um casal simples, mas muito fiel. Não é verdade, Maggie?

A sra. Dinsmead sorriu, constrangida. Ela voltara a tricotar. As agulhas batiam uma contra a outra. Ela tricotava depressa.

Vieram anunciar que o quarto estava pronto. Mortimer, agradecendo mais uma vez, disse que gostaria de se recolher.

– Vocês se lembraram de colocar uma garrafa de água quente para aquecer a cama? – perguntou a sra. Dinsmead, subitamente preocupada com a reputação da sua casa.

– Sim, mãe. Duas.

– Está certo – disse o sr. Dinsmead. – Subam com ele e vejam se precisa de mais alguma coisa.

Magdalen foi até a janela, a fim de certificar-se de que estava mesmo bem fechada. Charlotte deu uma última olhada na jarra e na bacia do pequeno lavatório. Depois, as duas ficaram esperando ao lado da porta.

– Boa noite, sr. Cleveland. Tem certeza de que não precisa de mais nada?

– Sim, está tudo certo, srta. Magdalen. Fico envergonhado por ter-lhes dado todo esse trabalho. Boa noite.

– Boa noite.

Elas saíram fechando a porta atrás de si. Mortimer Cleveland ficou sozinho. Despiu-se lentamente, enquanto aproveitava para refletir. Depois de vestir o pijama rosa do sr. Dinsmead, pegou as próprias roupas molhadas e colocou-as do lado de fora da porta, como lhe fora sugerido. Do andar debaixo, chegava até ele o rumor da voz do seu anfitrião.

Que homem mais falador! Um tipo esquisito, e na verdade a família toda era meio esquisita ou estaria ele imaginando coisas?

Mortimer voltou lentamente para o quarto e trancou a porta. Ficou parado ao lado da cama, refletindo. E de repente tomou um susto.

A mesa de mogno ao lado da cama estava coberta de pó. E escritas ali, claramente visíveis, três letras: *S.O.S.*

Mortimer arregalou os olhos sem poder acreditar no que via. Aquilo confirmava os seus pressentimentos e suspeitas. Então ele estava certo. Havia alguma coisa de errado naquela casa.

S.O.S. Um pedido de ajuda. Mas de quem seria o dedo que escrevera na poeira? De Magdalen ou de Charlotte? Ambas tinham passado por ali por um breve momento antes de deixar o quarto. Qual das duas teria secretamente baixado a mão até mesa e escrito discretamente as letras?

Ele tinha diante de si o rosto das duas moças. Magdalen, morena e distante. Charlotte, a quem ele vira primeiro, de olhos grandes, assustados, os quais abrigavam um brilho estranho...

O sr. Cleveland voltou até porta e abriu-a. Já não se ouvia mais o rumor da voz do sr. Dinsmead. A casa estava em silêncio.

Ele refletiu.

– Não há nada que eu possa fazer esta noite – disse ele consigo mesmo. – Amanhã... Bem, melhor esperar para ver o que acontece.

III

Cleveland acordou cedo. Ele desceu, atravessou a sala de estar e saiu até o jardim. Era uma bela manhã, fresca e agradável depois da chuva da noite anterior. Outra pessoa também acordara cedo. No final do jardim, Charlotte se inclinava sobre a cerca olhando para o vale. Ele caminhou até ela, sentindo a pulsação aumentar. O tempo todo, Mortimer estivera convencido de que fora

Charlotte quem escrevera a mensagem. Ao chegar perto dela, a moça virou-se para ele.

– Bom dia – disse ela.

Seus olhos eram francos como os de uma criança e não davam a entender a existência de nenhum segredo.

– Uma bela manhã – disse Mortimer, sorrindo. – O contraste não poderia ser maior em relação à noite passada.

– É verdade.

Mortimer quebrou um raminho de uma árvore próxima, com o qual começou a desenhar ao acaso no caminho de areia a seus pés. De repente, ele traçou um S, depois um O, e então outro S, observando a moça atentamente. Mas, como antes, não foi capaz de perceber nenhum indício de que ela o entendesse.

– Você sabe o que representam essas letras? – acabou por perguntar.

Charlotte franziu o cenho.

– É a mensagem que se costuma enviar de navios quando eles estão em perigo, não?

Mortimer fez que sim com a cabeça.

– Alguém escreveu isso na mesinha ao lado da minha cama, ontem à noite – disse ele em voz baixa. – Pensei que a senhorita tivesse escrito.

Ela olhou para ele arregalando os olhos.

– Eu? Oh, não.

Então ele se enganara, reconheceu, e o seu desapontamento tomou a forma de uma pontada aguda na boca do estômago. Parecia tão óbvio! Era raro que suas intuições o enganassem daquela forma.

– Tem certeza de que não foi você? – insistiu ele.

– Mas é claro.

Lentamente, os dois caminharam juntos de volta ao chalé. Charlotte parecia preocupada com alguma coisa. Ela respondeu distraidamente às poucas observações que ele fez. E de repente, sem poder mais se conter, confessou apressada em voz baixa:

– É estranho que o senhor venha me perguntar sobre essas letras, S.O.S. Eu não as escrevi, é lógico, mas poderia muito bem tê-las escrito.

Ele parou e olhou para ela, que continuou:

– Parece loucura, eu sei, mas ando muito assustada... Quando o senhor chegou aqui ontem à noite, me pareceu como se fosse a solução de um problema.

– Do que a senhorita tem medo?

– Eu não sei.

– Não sabe?

– Acho que... da casa! Desde que chegamos aqui, essa sensação esquisita que tenho não deixou de aumentar. É como se eles estivessem diferentes, papai, mamãe, Magdalen. Parecem outros.

Mortimer ficou em silêncio, sem saber o que dizer, e antes que pudesse abrir a boca para falar qualquer coisa Charlotte continuou:

– Dizem que esta casa é assombrada.

– Como? – perguntou ele, interessado.

– É verdade. Um homem assassinou a esposa aqui. Faz alguns anos já. Só soubemos a respeito depois que nos mudamos. Papai diz que fantasmas não existem, mas não estou tão certa disso...

Mortimer refletia consigo mesmo.

– Diga-me... por acaso o crime foi cometido no quarto em que dormi?

– Não sei nada a respeito disso – respondeu Charlotte.

– Fico imaginando se... – murmurou Mortimer, mais para si mesmo do que para a moça – Sim, é bem possível.

Charlotte olhou para ele desconfiada.

– A senhorita por acaso – perguntou Mortimer gentilmente – sabe se possui algum tipo de capacidade mediúnica?

Ela arregalou os olhos.

– Foi a senhorita quem escreveu S.O.S na mesinha do meu quarto – continuou ele, calmamente –, e creio que sabe disso. Inconscientemente, quero dizer. Qualquer crime contamina o ambiente em que é cometido. Uma mente sensível como a sua pode ser influenciada por esse tipo de força. A senhorita tem reproduzido as sensações e impressões da vítima. Muitos anos atrás, ela deve ter escrito S.O.S naquela mesa, e a senhorita inconscientemente imitou-a ontem à noite.

O rosto de Charlotte parecia iluminado.

– Acho que entendo. O senhor pensa que essa é uma boa explicação para o que aconteceu?

Uma voz chamou-a do lado de dentro da casa e ela entrou, deixando Mortimer no jardim. Ele caminhou um pouco por ali, refletindo. Estaria aquela explicação correta? Dava conta dos fatos? Explicava a tensão que ele sentira na noite em que entrara na casa?

Talvez, e no entanto ele tinha a sensação estranha de que fora a sua chegada repentina que perturbara algo no ambiente. Mortimer pensou consigo mesmo: "A explicação paranormal pode dar conta do caso de Charlotte, mas não do das outras pessoas. Todos ficaram incomodados com a minha chegada, exceto Johnnie. Seja lá qual for o problema, Johnnie não está envolvido".

Ele tinha certeza disso. Não sabia por que, mas tinha certeza.

Naquele exato momento, Johnnie saiu do chalé e se aproximou da visita.

– O café está servido. O senhor não gostaria de entrar? – perguntou ele, abruptamente.

Mortimer notou que os dedos do rapaz estavam todos manchados. Ao perceber que estava sendo observado daquela maneira, Johnnie soltou uma gargalhada.

– Estou sempre lidando com produtos químicos. Papai fica enfurecido. Ele quer que eu trabalhe com construção, mas gosto mesmo é de química e laboratórios.

Na janela logo em frente a onde eles estavam apareceu o sr. Dinsmead, com seu rosto franco, jovial e sorridente. Ao vê-lo, Mortimer se sentiu ainda menos à vontade e mais desconfiado.

Por fim, Mortimer entrou, constatando que a sra. Dinsmead já estava sentada à mesa. Com sua voz apática, ela deu-lhe um bom-dia que não fez senão reforçar a impressão de que sua presença a incomodava. Magdalen foi a última a aparecer. Ela cumprimentou-o acenando ligeiramente com a cabeça e sentou-se na cadeira oposta à dele.

– O senhor dormiu bem? – perguntou ela de súbito. – A cama estava boa?

Ela olhava para ele muito séria, e Mortimer não pôde deixar de constatar que as respostas positivas que ele deu às questões a deixaram um pouco desapontada. O que ela esperava ouvir?

Ele se voltou para o anfitrião.

– Pelo que entendi, o seu filho se interessa por química... – disse ele maliciosamente.

A sra. Dinsmead deixou cair a xícara, que se quebrou sobre o pires.

– Maggie! Tenha mais cuidado, por favor...

Mortimer percebeu um tom de repreensão, de advertência na voz do marido. O sr. Dinsmead voltou-se para ele e desandou a falar sobre as vantagens do ramo da construção e sobre a necessidade de se imporem limites aos jovens.

Depois do café, Mortimer foi sozinho ao jardim a fim de fumar. Aquele era o momento em que devia deixar o chalé. Passar a noite ali era uma coisa, mas para estender a sua visita ele teria de encontrar uma desculpa. E que desculpa iria alegar? O problema é que relutava em deixar o lugar.

Refletindo sobre o assunto, Mortimer seguiu por um caminho que levava ao outro lado da casa. Os seus sapatos tinham um solado emborrachado e quase não faziam barulho. Ele passava pela janela da cozinha quando ouviu a voz do sr. Dinsmead do lado de dentro. O que o dono da casa dizia chamou imediatamente a sua atenção:

– É uma grande quantia.

A sra. Dinsmead respondeu alguma coisa, mas num tom baixo demais para que Mortimer pudesse ouvir. Em seguida o sr. Dinsmead observou:

– Cerca de 60 mil libras, disse o advogado.

Mortimer não tinha intenção de ficar ouvindo a conversa, mas desacelerou o passo. A menção ao dinheiro parecia confirmar as suas suspeitas. Sessenta mil libras estavam em jogo, o que tornava a situação mais definida e mais grave.

Magdalen saiu da casa, mas a voz do pai chamou-a de volta para dentro. Quem acabou por juntar-se à visita foi o próprio sr. Dinsmead.

– Uma manhã tão boa como esta é uma coisa rara. Imagino que o problema do seu carro não tenha piorado.

"Quer saber quando vou embora", pensou Mortimer consigo mesmo.

Em voz alta, ele agradeceu mais uma vez ao sr. Dinsmead pela hospitalidade providencial.

– Imagine... Não foi nada – disse o outro.

Magdalen e Charlotte saíram juntas da casa e caminharam de mãos dadas até um banco rústico, um pouco distante dali. O cabelo escuro de uma contrastava agradavelmente com o avermelhado da outra e, obedecendo a um impulso, Mortimer disse:

– Suas filhas são tão diferentes, sr. Dinsmead...

O outro homem, que naquele momento acendia o cachimbo, fez um gesto brusco com a mão e deixou cair o fósforo.

– O senhor acha? – perguntou ele. – Sim, suponho que seja verdade.

Seguindo outra intuição repentina, Mortimer sugeriu, num tom de voz mais suave:

– Mas é claro que não são ambas suas filhas...

Dinsmead olhou para ele, hesitou por um momento e acabou admitindo.

– O senhor é inteligente. Uma delas foi abandonada pelos pais. Nós a pegamos quando ainda bebê e a criamos como se fosse nossa. A coitadinha não sabe de nada, mas teremos de contar a ela logo – declarou o homem, soltando um suspiro.

– Por causa de alguma herança? – sugeriu Mortimer em voz baixa.

O sr. Dinsmead lançou a ele um olhar desconfiado.

Então se decidiu que o melhor era ser franco, tão franco que chegou a se tornar agressivo:

– É estranho que o senhor diga uma coisa dessas.

– Sou meio telepata – disse Mortimer com um sorriso amarelo.

– O que acontece é o seguinte. Ao pegá-la, foi como se fizéssemos um favor à mãe dela. Eu acabara de entrar no ramo de construção. Alguns meses atrás, reparei num anúncio no jornal que se referia a uma criança... tinha de ser a nossa Magdalen! Me encontrei com os advogados, que disseram uma porção de coisas mas nada explicaram. Eles estavam desconfiados, é claro, mas agora tudo foi esclarecido. Vou levá-la até Londres na semana que vem. Ela nada sabe sobre isso. Parece que o pai dela era um desses judeus muito ricos. Ele só soube da existência da menina alguns meses antes de morrer. Contratou então alguns detetives para tentar encontrá-la e deixou a ela toda a sua fortuna.

Mortimer ouviu a história atentamente. Ele não tinha nenhuma razão para duvidar do que acabara de ouvir. A história explicava a beleza de Magdalen, seus cabelos escuros, seus modos altivos e distantes. Ainda assim, alguma outra coisa estava sendo escondida.

Para não despertar suspeitas, resolveu dar a entender que ficara convencido.

– Uma história muito interessante, sr. Dinsmead. Parabéns à srta. Magdalen. Uma bela jovem e agora uma herdeira. Tem um futuro e tanto pela frente.

– É verdade – concordou o pai, entusiasmado. – E ela é também uma moça muito dedicada.

Ele dava todos os sinais de nutrir pela filha uma afeição genuína.

– Bem – disse Mortimer –, é melhor eu ir. Tenho de agradecer-lhe mais uma vez, sr. Dinsmead, pela hospitalidade providencial.

Acompanhado pelo anfitrião, ele entrou na casa para se despedir da sra. Dinsmead. Ela olhava pela janela, de costas para a porta, distraída. Ao ouvir a voz do marido que anunciava, em tom jovial, que o sr. Cleveland estava indo embora, ela tomou um sustou e imediatamente se virou, deixando cair alguma coisa que segurava na mão. Mortimer juntou o objeto do chão, um retrato em miniatura de Charlotte feito num estilo em voga vinte anos atrás. Mortimer repetiu a ela os agradecimentos que já proferira ao marido. Ele observou mais uma vez o olhar assustado e as miradas furtivas que a mulher ocasionalmente lhe lançava por debaixo das pálpebras contraídas.

As duas moças não apareceram, e Mortimer nem pensou em procurá-las para se despedir. Ele tinha outra ideia que logo se revelou correta.

Mal tinha descido cerca de oitocentos metros da casa na direção de onde deixara o carro na noite anterior quando os arbustos ao lado da estrada se mexeram e deles emergiu, logo à sua frente, Magdalen.

– Preciso falar com o senhor – disse ela.

– Eu sei – disse Mortimer. – Foi você quem escreveu S.O.S na mesa do meu quarto na noite passada, não?

Magdalen fez que sim com a cabeça.

– Por quê? – perguntou Mortimer, gentilmente.

A moça virou para o lado e começou a arrancar as folhas de um arbusto.

– Eu não sei – disse ela. – Honestamente, não sei.

– Diga-me – insistiu Mortimer.

– Sou uma pessoa prática – disse ela. – Não fico imaginando e fantasiando coisas. Sei que o senhor acredita em fantasmas e espíritos. Não acredito em nada disso e, quando lhe digo que há algo muito estranho naquela casa – continuou ela, apontando para o alto da encosta –, estou me referindo a algo concreto. Não é apenas um eco do passado. Desde que estamos aqui, papai está diferente, mamãe está diferente, Charlotte está diferente.

Mortimer interveio:

– Johnnie está diferente?

Magdalen olhou para ele, e seus olhos indicavam que a moça se surpreendera com a pertinência da pergunta.

– Não. Só agora tenho me perguntado sobre isso. Johnnie não mudou. Ele é o único que não foi afetado. Ontem durante o chá, por exemplo...

– E a senhorita? – perguntou Mortimer.

– Eu estava assustada... muito assustada. Assustada como uma criança. E papai estava muito esquisito.

Realmente esquisito. Esquisito é a palavra que melhor caracteriza o seu estado. Ele falava de milagres, e então rezei, rezei para que um milagre acontecesse, e na mesma hora o senhor bateu na porta...

Ela parou abruptamente, cravando os olhos nele.

– Devo parecer uma louca, falando desse jeito – disse ela, num tom desafiador.

– Não – disse Mortimer –, pelo contrário, você parece muito lúcida. Pessoas saudáveis sempre pressentem o perigo quando ele está próximo.

– O senhor não está entendendo, talvez... Não era por mim que eu temia...

– Então por quem?

De novo ela sacudiu a cabeça, confusa.

– Não sei.

Mas em seguida, continuou:

– Escrevi S.O.S seguindo um impulso. Eu tinha a impressão absurda de que não me deixariam falar com o senhor. Os outros, eu digo. Mas eu não sei o que eu queria do senhor. Não sei.

– Não se preocupe. Confie em mim – disse Mortimer.

– Mas o que o senhor pode fazer?

Mortimer deu um sorriso amarelo.

– Posso pensar.

Ela olhou para ele confusa.

– Sim – insistiu Mortimer –, muita coisa pode ser resolvida assim, mais do que se imagina. Diga-me, por acaso alguma palavra ou frase chamou a sua atenção logo antes do jantar naquela noite?

Magdalen franziu o cenho.

– Acho que não – disse ela. – Ouvi papai dizer alguma coisa à mamãe sobre Charlotte ser parecida com ela, e depois ele riu de uma forma esquisita, mas... não sei o que pode haver de errado nisso...

– Charlotte não é parecida com a sua mãe.

Ele ficou refletindo por um minuto ou dois e depois levantou o rosto para Magdalen, que continuava olhando para ele, na expectativa de que Mortimer pudesse ajudá-la.

– Volte para casa e não se preocupe mais com isso. Deixe comigo.

Obediente, ela seguiu pelo caminho de volta ao chalé. Mortimer continuou descendo mais alguns passos e em seguida deitou-se no gramado. Ele fechou os olhos, tentou se desligar de qualquer esforço de raciocínio consciente e acompanhou uma série de figuras que se desdobravam na sua mente.

Johnnie! Era sempre Johnnie quem lhe aparecia, completamente inocente, livre de qualquer suspeita, livre de intrigas e, não obstante isso, o pivô ao redor do qual tudo girava. Mortimer lembrou-se do barulho da xícara da sra. Dinsmead quebrando-se sobre o pires naquela manhã. O que a deixara tão nervosa? A referência feita por ele à paixão que o rapaz tinha pela química? Naquele momento, não prestara muita atenção no sr. Dinsmead, mas agora ele o via com nitidez, segurando a xícara a meio caminho da boca.

Aquela imagem lembrou-o novamente de Charlotte, a moça que ele havia visto ao abrir a porta do chalé na noite passada. Ela o encarara por cima da borda da xícara. Àquela lembrança, seguiu-se uma outra: a do sr. Dinsmead esvaziando as xícaras de chá, uma depois da outra, e dizendo "Este chá está frio".

Mortimer se lembrava do vapor que pairava no ar sobre a tigela e as xícaras. Não era possível que o chá estivesse tão frio.

Alguma coisa começou a se agitar no seu cérebro. A lembrança de um acontecimento recente, cerca de um mês atrás. O relato do envenenamento de uma família inteira pelo descuido de um rapaz. Um pacote de arsênico deixado na despensa escorrera sobre o pão na prateleira de baixo. Mortimer lera a respeito nos jornais. Talvez o sr. Dinsmead também tivesse lido.

As coisas começavam a ficar mais claras...

Meia hora depois, Mortimer Cleveland levantava-se de um pulo.

IV

A noite caíra mais uma vez sobre as colinas de Wiltshire. No chalé, ovos poché e uma lata de bolo de carne. A sra. Dinsmead trazia da cozinha o bule de chá. A família se sentava ao redor da mesa.

– Que diferença com relação ao tempo de ontem – disse a sra. Dinsmead, olhando pela janela.

– Sim – concordou o sr. Dinsmead. – Hoje está tão calmo que seria possível ouvir a queda de um alfinete. Mas e então, querida... poderia fazer o favor de nos servir?

A sra. Dinsmead encheu as xícaras e distribuiu-as ao redor da mesa. Então, ao colocar o bule de volta, deu um gritinho, apertando a mão contra o peito. O sr. Dinsmead virou a cadeira na direção aonde apontavam os olhos apavorados da esposa. Mortimer Cleveland estava parado no vão da porta.

Mortimer deu um passo à frente, se desculpando.

– Receio tê-la assustado. Voltei por um motivo.

– Um motivo? – gritou o sr. Dinsmead, muito vermelho e com as veias do pescoço saltando. – Que motivo? É o que eu gostaria de saber...

– Uma xícara de chá.

Com um gesto rápido, Mortimer tirou um tubo de ensaio do bolso e, pegando uma das xícaras da mesa, derrubou no tubo um pouco do conteúdo dela.

– Mas o que você está fazendo? – exclamou o sr. Dinsmead, engasgado.

O sr. Dinsmead estava agora pálido como cal. O sangue desaparecera do seu rosto num passe de mágica.

– O senhor lê os jornais, não é verdade? Tenho certeza de que sim. Às vezes lemos notícias sobre o envenenamento de uma família inteira. Alguns se recuperam, outros não. Neste caso, uma não se recuperaria. A culpa seria da carne enlatada... mas e se o médico suspeitasse de alguma outra coisa? Há um pacote de arsênico na dispensa. Na prateleira logo abaixo há um pacote de chá. Há um buraco bem conveniente na prateleira de cima. Naturalmente, a conclusão a se tirar é que o arsênico contaminou acidentalmente o chá. O seu filho Johnnie seria repreendido por um descuido, e nada mais.

– Eu não faço a menor ideia do que o senhor está falando! – exclamou o sr. Dinsmead, ainda sem fôlego.

– Pois acho que o senhor faz, sim.

Mortimer pegou outra xícara e derramou um pouco do seu conteúdo em outro tubo de ensaio. Ele colou uma etiqueta vermelha num dos tubos e uma azul no outro.

– O tubo com a etiqueta vermelha contém o chá da xícara da sua filha Charlotte, e o outro, o chá da xícara da sua filha Magdalen. Sou capaz de jurar que no primeiro vamos encontrar quatro ou cinco vezes mais de arsênico do que no segundo.

– O senhor está louco! – exclamou Dinsmead.

– Não, não estou. Nem um pouco. Ao contrário do que me disse hoje, Charlotte é a menina que o senhor adotou. A imagem da mãe, como prova aquele retrato em miniatura que tive em minhas mãos antes de ir embora. Achei que o retrato fosse da própria Charlotte, mas era obviamente da mãe dela. Sua filha legítima, Magdalen, seria feita herdeira da fortuna, e pela dificuldade de manter a outra o tempo todo escondida o senhor decidiu colocar uma pitada de arsênico no fundo da xícara.

A sra. Dinsmead soltou uma gargalhada histérica e começou a se balançar para frente e para trás na cadeira.

– Chá – gritou ela –, foi isso o que ele disse... Chá e não limonada.

– Cale a boca, mulher – rugiu o marido, furioso.

Do outro lado da mesa, Charlotte arregalava os olhos para Mortimer. Ele sentiu uma mão no seu ombro. Era Magdalen, que tentava afastá-lo da mesa.

– Esses... – disse ela, apontando para os tubos – Papai... você não...

Mortimer segurou-a pelo braço.

– Minha jovem – disse ele –, você não acredita no passado. Eu sim. E percebi algo de errado na atmosfera desta casa. Se o seu pai não tivesse se mudado para cá, é possível, *possível* eu digo, que ele nunca tivesse concebido um plano como esse. Estou levando esses dois tubos de ensaio comigo, para que sirvam de garantia à vida de Charlotte agora e no futuro. Fora isso, não devo fazer mais nada, em agradecimento à mão que escreveu S.O.S.

Livros de Agatha Christie publicados pela **L&PM** EDITORES

O homem do terno marrom
O segredo de Chimneys
O mistério dos sete relógios
O misterioso sr. Quin
O mistério Sittaford
O cão da morte
Por que não pediram a Evans?
O detetive Parker Pyne
É fácil matar
Hora Zero
E no final a morte
Um brinde de cianureto
Testemunha de acusação e outras histórias
A Casa Torta
Aventura em Bagdá
Um destino ignorado
A teia da aranha (com Charles Osborne)
Punição para a inocência
O Cavalo Amarelo
Noite sem fim
Passageiro para Frankfurt
A mina de ouro e outras histórias

MEMÓRIAS

Autobiografia

MISTÉRIOS DE HERCULE POIROT

Os Quatro Grandes
O mistério do Trem Azul
A Casa do Penhasco
Treze à mesa
Assassinato no Expresso Oriente
Tragédia em três atos
Morte nas nuvens
Os crimes ABC
Morte na Mesopotâmia
Cartas na mesa
Assassinato no beco
Poirot perde uma cliente
Morte no Nilo
Encontro com a morte
O Natal de Poirot
Cipreste triste
Uma dose mortal
Morte na praia
A Mansão Hollow
Os trabalhos de Hércules
Seguindo a correnteza
A morte da sra. McGinty
Depois do funeral
Morte na rua Hickory
A extravagância do morto
Um gato entre os pombos
A aventura do pudim de Natal
A terceira moça
A noite das bruxas
Os elefantes não esquecem
Os primeiros casos de Poirot
Cai o pano: o último caso de Poirot
Poirot e o mistério da arca espanhola e outras histórias
Poirot sempre espera e outras histórias

MISTÉRIOS DE MISS MARPLE

Assassinato na casa do pastor
Os treze problemas

Um corpo na biblioteca
A mão misteriosa
Convite para um homicídio
Um passe de mágica
Um punhado de centeio
Testemunha ocular do crime
A maldição do espelho
Mistério no Caribe
O caso do Hotel Bertram
Nêmesis
Um crime adormecido
Os últimos casos de Miss Marple

MISTÉRIOS DE TOMMY & TUPPENCE

O adversário secreto
Sócios no crime
M ou N?
Um pressentimento funesto
Portal do destino

ROMANCES DE MARY WESTMACOTT

Entre dois amores
Retrato inacabado
Ausência na primavera
O conflito
Filha é filha
O fardo

TEATRO

Akhenaton
Testemunha de acusação e outras peças
E não sobrou nenhum e outras peças

ANTOLOGIAS DE ROMANCES E CONTOS

Mistérios dos anos 20
Mistérios dos anos 30
Mistérios dos anos 40
Mistérios dos anos 50
Mistérios dos anos 60
Miss Marple: todos os romances v. 1
Poirot: Os crimes perfeitos
Poirot: Quatro casos clássicos

GRAPHIC NOVEL

O adversário secreto
Assassinato no Expresso Oriente
Um corpo na biblioteca
Morte no Nilo

IMPRESSÃO:

PALLOTTI
GRÁFICA

Santa Maria - RS | Fone: (55) 3220.4500
www.graficapallotti.com.br